建设科技强国

面向世界科技前沿　面向经济主战场

面向国家重大需求　面向人民生命健康

2022 年主题出版重点出版物

从深海到深空

科技征程的中国坐标

中国科学技术协会　组编

中国科学技术出版社
·北　京·

编 委 会

支持单位

（按汉语拼音排序）

港珠澳大桥管理局
国家海洋局极地考察办公室
吉林大学地球探测科学与技术学院
南水北调中线干线工程建设管理局
上海振华重工（集团）股份有限公司
太原钢铁（集团）有限公司
徐工集团工程机械股份有限公司
徐州工程机械集团有限公司
中国长江三峡集团有限公司
中国船舶集团公司第七〇二研究所
中国地质科学院
中国国家铁路集团有限公司
中国海洋石油集团有限公司
中国科学院动物研究所
中国科学院高能物理研究所
中国科学院青藏高原研究所
中国科学院沈阳自动化研究所
中国科学院遗传与发育生物学研究所
中国空间技术研究院
中国载人航天工程办公室
中国中铁工程装备集团有限公司

序

纵观人类社会发展史，科学技术为人类文明进步提供了不竭的动力，推动人类社会实现从游牧文明到农耕文明、工业文明的跃迁，走向信息化、智能化时代。华夏文明的孕育、发展，既受益于科技原动力的驱动，同时也在不同历史阶段发挥了推动人类文明发展的重要引领作用。

在中华民族实现伟大复兴的历史征程上，在科学救国、科技报国、科教兴国、科技强国的伟大事业中，中国科技工作者以一项项彪炳史册的科技成就，深刻改变着中国、影响着世界，与国际科技界一道，共同续写着人类文明的编年史。

党的十八大以来，习近平总书记立足时代之基、洞察时代之变、回答时代之问，坚持把创新摆在我国现代化建设全局的核心地位，把科技自立自强作为国家发展的战略支撑，推进以科技创新为核心的全面创新，提出一系列具有开创性意义的新理念新思想新论断。

在以习近平同志为核心的党中央坚强领导下，广大科技工作者坚定不移听党话、跟党走，胸怀“两个大局”，心系“国之大者”，面向世界科技前沿、面向经济主战场、面向国家重大需求、面向人民生命健康，弘扬科学家精神，涵养优良学风，把握大势、抢占先机，直面问题、迎难而上，肩负起新时代赋予的重任，在深海、深空、深地、深蓝等领域积极抢占科技制高点，科技创新取得新的历史性成就。

到 2035 年跻身创新型国家前列，到新中国成立 100 年时成为世界科技强国——这是逐梦新征程上将要跨越的重要坐标。在新时代奋进的中国，用每一次勇闯科技“无人区”的出发，用从深海到深空——插在探索最前沿的每一面五星红旗，锚定中国在人类科技征程上的坚实足印与高光坐标。

探海　海平面下 10909 米！中国人的脚步踏进万米深海，踏进地球海洋最深处。这不仅是人类探索前沿的挺进，也是中国载人深潜装备从“蛟龙号”的集成研制到“奋斗者号”实现关键技术自主可控的质的飞跃。

入地　钻地 7018 米！“地壳一号”万米钻机在全球首次钻穿白垩纪陆相地层，我国深部探测在短短数年间从“跟跑”向“并跑”“领跑”迈进。伴着钻机的回响，那古老地层一定也能听到黄大年当年的豪迈誓言——“振兴中华，乃我辈之责！”

竞速　时速 350 千米！“复兴号”追风掣电，跑出中国发展加速度。它跨越的，是京张铁路见证的百年变迁；它奔向的，是中国高铁带给“一带一路”沿线国家的通衢广陌，是科技冬奥在世界五大洲点燃的“一起向未来”

的美好愿景。

求精 184米超高高度风电吊装！中国的“钢铁巨龙”精准完成全球最高风电吊装，将“庞大”与“精微”完美结合。高悬在距地面170米空中的叶轮，用它与风的协奏，诠释着制造强国跃动的雄浑交响。

格物 22年的默默耕耘和艰苦跋涉！当南仁东率领团队迎来“中国天眼”的一朝落成，他的朴素愿望是“希望未来有更多科学家用‘中国天眼’做出科研成果”。在基础研究领域，每一个仰望星空的科学梦想，都要靠“把冷板凳坐热”的决心和耐心来成就。2021年，“中国天眼”面向全球科学家开放，成为全球共享的瞭望宇宙的巨目。

聚力 渠通南北，壁立西江。惠及数亿人口的“南水北调”工程架起“人间天河”，“西电东送”工程点亮世界最大清洁能源走廊，“东数西算”工程伴着全球最大互联网建成的脚步启动，中国用水利、电力、算力的协同与迭代演进，走出一条为发展赋能的创新之路。

登极 南极、北极、青藏高原，“地球三极”的大门被中国科考队叩启。“亚洲水塔”的动态变化、南北极对全球气候的影响，这些“牵一隅而动全局”的科研成果，成为人类命运共同体跨越地球之巅、探索之巅，走向生态文明的攀登之梯。

飞天 在距离地球数十万千米的太空，“北斗”组网为世界导航，中国空间站成为国际空间科学合作的新平台，“神舟”飞天、“嫦娥”奔月、“天问”探火、“羲和”逐日……中国人的脚步在浩渺宇宙渐行渐远。星辰大海，征途漫漫，探索永无止境！

从深海到深空，中国科技工作者用一项项举世瞩目的科技成就，铺展着科技创新的版图，拓展着人类探索的边疆。坚持“四个面向”，中国的科技创新在广度、深度、速度、精度上加速跃升，成为经济发展、国家安全、民族复兴的战略支撑，成为推动人类文明迈向新的更高台阶的蓬勃力量。

科技支撑发展，奋斗开创未来。新征程上，完整、准确、全面贯彻新发展理念，推动以高水平科技自立自强支撑中国式现代化，是新时代赋予科技工作者的光荣使命。广大科技工作者要紧密团结在以习近平同志为核心的党中央周围，深刻领悟“两个确立”的决定性意义，增强“四个意识”、坚定“四个自信”、做到“两个维护”，踔厉奋发、勇毅前行，攻坚克难、团结奋斗，为建设世界科技强国、实现中华民族伟大复兴的中国梦贡献智慧力量！

中国科协党组书记

分管日常工作的副主席、书记处第一书记　張玉卓

2022 年 8 月

目录

CONTENTS

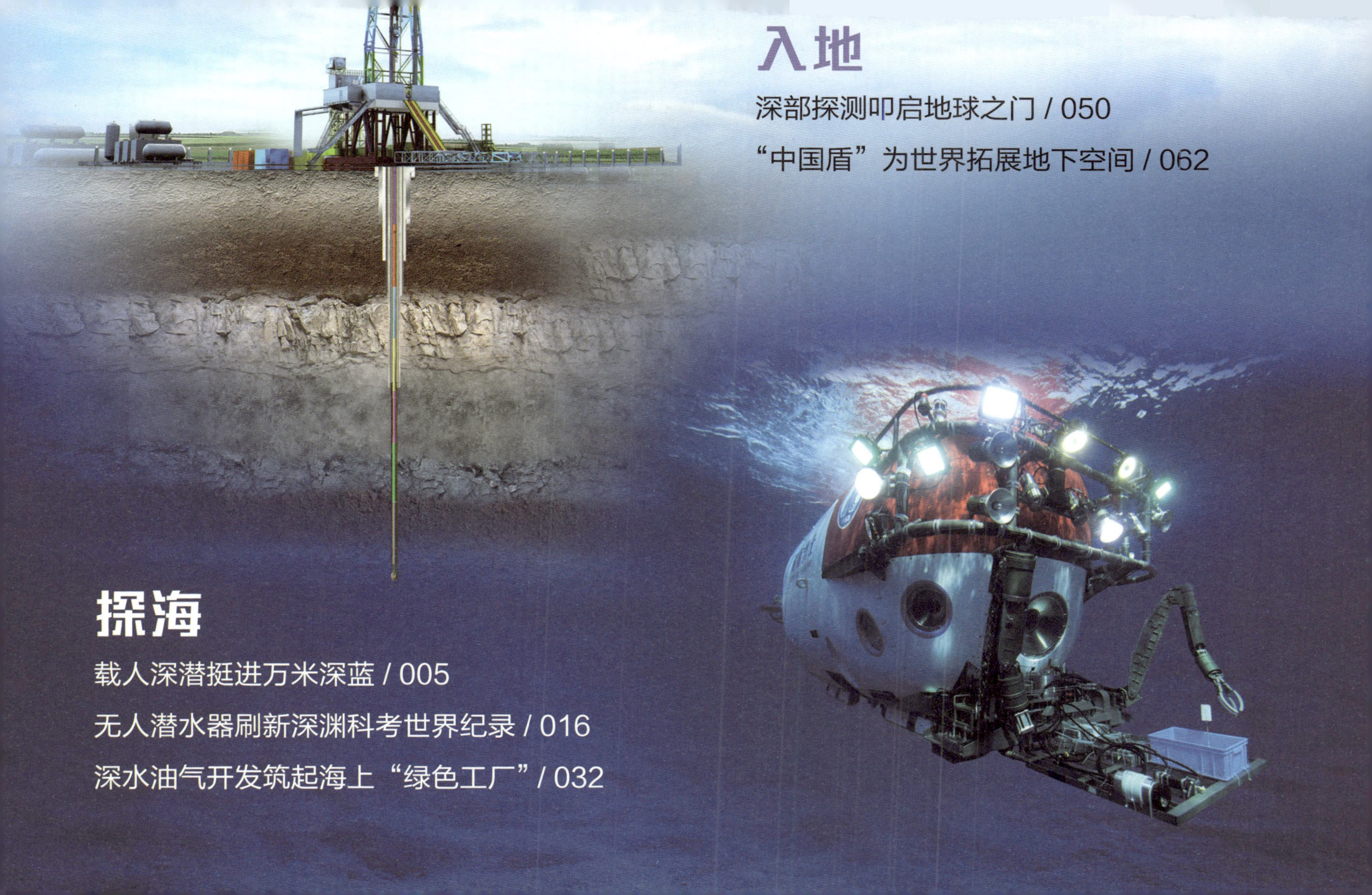

入地

探海

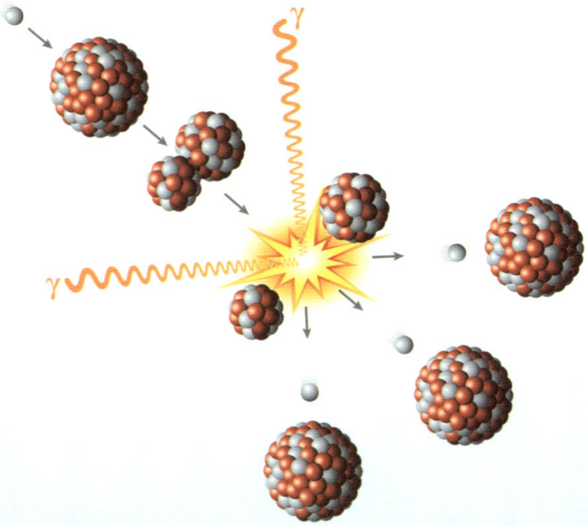

求精

竞速

格物

聚力

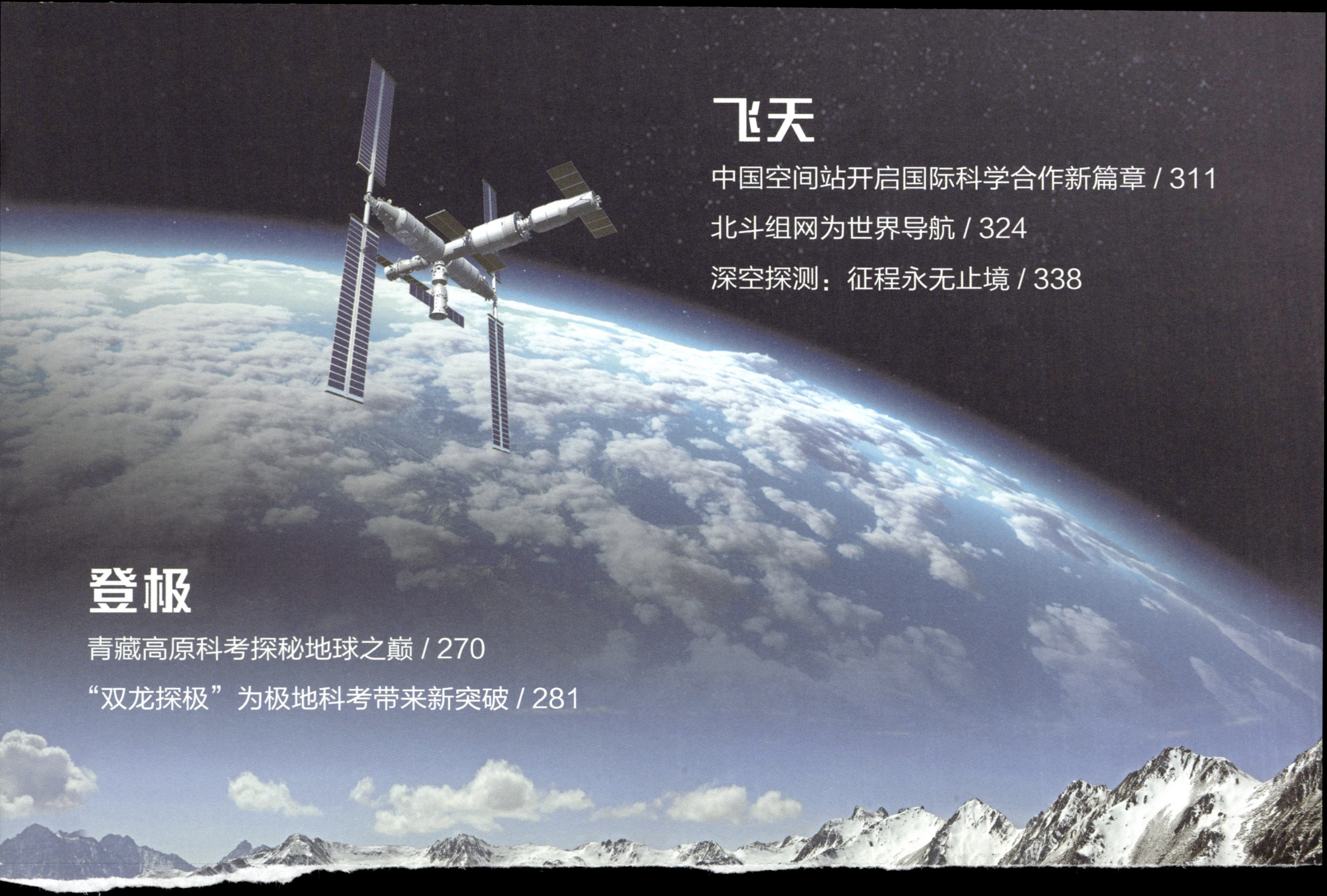

飞天

登极

探海

逐梦深蓝，向海图强！

中国是海洋大国，领海面积相当于领土面积的 1/3，1.8 万多千米的海岸线曲折绵延，勾勒出这片辽远壮阔的“蓝色疆土”。

党的十八大以来，习近平总书记围绕建设海洋强国做出一系列重大部署，提出“建设海洋强国是实现中华民族伟大复兴的重大战略任务”，“建设海洋强国，必须进一步关心海洋、认识海洋、经略海洋，加快海洋科技创新步伐”。

海洋竞争实质上是高科技竞争，海洋科技发达是海洋强国的重要标志。近年来，我国在深海探测、海底矿产资源勘查开发、海洋工程技术及装备制造、海水种植养殖和综合利用、海底光缆和通信技术等方面，积极参与全球竞争，以陆海统筹推进海洋强国建设，在关键领域的高新技术研发中，自主创新能力持续增强。

2020 年 11 月，我国全海深载人潜水器“奋斗者号”在马里亚纳海沟成功下潜达 10909 米，创造了中国载人深潜的新纪录，标志着我国载人深潜技术已跻身世界先进行列。

2021 年 6 月 25 日，“深海一号”超深水大气田顺利投产。“深海一号”矗立在 1500 米水深的南海，工程规模居世界第四位，是标志着我国深水油气田开发能力和深水海洋工程装备建造水平取得重大突破的超级工程。

以海洋科技创新为引擎，我国海洋经济发展提速。海洋生产总值 10 年间翻了一番，海洋经济实力大幅提升。2021 年全国海洋生产总值首次突破 9 万亿元，达 90385 亿元，对国民经济增长的贡献率为 8%。海洋产业转型升级步伐加快，产业结构进一步优化，发展潜力与韧性彰显。智能船舶研发、绿色环保船舶建造取得新突破；以海洋生物医药、海水利用为代表的海洋新兴产业快速发展。

海洋科技，不仅是拓展蓝色经济空间的关键要素，也是建设海洋生态文明的决定性因素。“要高度重视海洋生态文明建设，加强海洋环境污染防治，保护海洋生物多样性，实现海洋资源有序开发利用，为子孙后代留下一片碧海蓝天。”在海洋生态文明建设中，我国坚持开发和保护并重、污染防治和生态修复并举，突破制约海洋生态保护的“瓶颈”，使我国管辖海域水质呈改善趋势。

“在经济全球化的今天，没有与世隔绝的孤岛。”中国在建设海洋强国的征程上，也在不断丰富和发展“海洋命运共同体”的深刻内涵。2021 年 4 月，在执行协助救援印度尼西亚失事潜艇任务时，“深海勇士号”载人深潜器再立新功，彰显中国深海科技实力在重大人道主义救援行动中的关键作用，让海洋成为连接世界各国的“和平、友好、合作之海”。

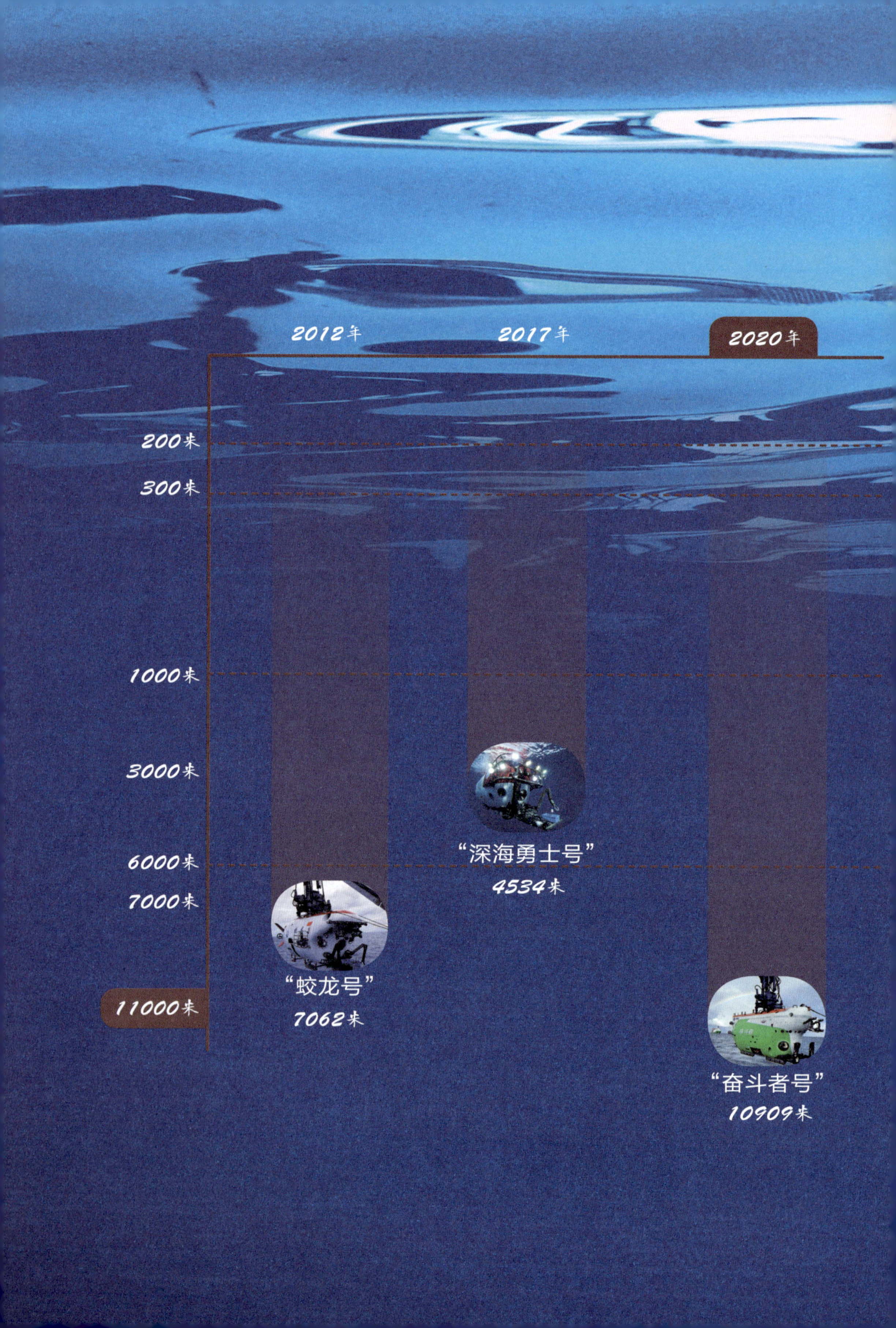

2012年
2017年
2020年
200米
300米
1000米
3000米
6000米
7000米
11000米
“深海勇士号”
4534米
“蛟龙号”
7062米
“奋斗者号”
10909米

载人深潜挺进万米深蓝

“可上九天揽月，可下五洋捉鳖，谈笑凯歌还。”中国人向未知世界探索的足迹，不仅留在了浩瀚宇宙，也留在人类所生存的这颗蓝色星球的深海、深地。

2012 年 6 月，由全国 100 多家科研单位联合攻关研制的载人深潜器“蛟龙号”成功完成 7000 米级下潜，最大下潜深度达 7062 米。2017 年 10 月 3 日，国产化率达 95% 的中国第二台深海载人潜水器“深海勇士号”在南海海试成功。2020 年 11 月，全海深载人潜水器“奋斗者号”在马里亚纳海沟成功下潜达 10909 米，创造了中国载人深潜的新纪录，标志着我国载人深潜技术已跻身世界先进行列。

我国载人深潜遵循严谨的科学发展路线，一步一个脚印走出中国特色的自立自强之路，实现了自主设计、自主制造、关键技术自主可控，特别是在设计计算方法、基础材料、建造工艺、通信导航、智能控制、能源动力等方面，实现由“中国制造”向“中国创造”的跨越。

△“奋斗者号”

2020 年是“十三五”规划收官之年，也是我国深潜装备研发取得丰硕成果的一年。6 月 8 日，我国研发的作业型全海深自主遥控水下机器人“海斗一号”，在马里亚纳海沟创造了潜深 10907 米的国内新纪录；7 月 16 日，我国研发的无人水下滑翔机“海燕 -X 号”在马里亚纳海沟创造了潜深 10619 米的世界纪录；11 月 10 日，我国研发的“奋斗者号”全海深载人潜水器又创造了 10909 米的国内载人深潜新纪录。

这些无人和载人深潜装备的研制成果，标志着我国不仅能将水下机器人和探测装置送至深海，也能将海洋科学家和工程技术人员送到世界最深的海底。我国已具备进入世界海洋最深处开展科学探索和研究的能力，这充分体现了我国在海洋高科技领域的综合实力。

极限挑战　深潜装备研发攻坚克难

“深海进入”“深海探测”和“深海开发”是中国深海战略“三部曲”。“深海进入”技术即人们得以到达深海现场的技术，也就是深潜技术；“深海探测”技术是到达深海现场后进行勘查的技术；“深海开发”技术则面向资源开采，是以服务人类发展为直接目的的技术。

深潜是直观的深海探索，也是实现深海资源开发的第一步。

如何才能潜入深海？以深海潜水器为代表的深潜装备，能够运载电子装置、机械设备以及工程技术人员、科学家等，快速精确地到达各种深海复杂环境，进行高效勘探和科学考察，是实现“深海进入”、实施深海发展战略必不可少的一项技术手段。

深海潜水器主要分为无人潜水器与载人潜水器两大类。各类潜水器有不同特点，分工明确。如水下滑翔机和自主无人潜水器机动灵活，可以开展区域性的综合调查；带缆遥控无人潜水器可由人员在甲板上操控，能源通过缆索从甲板上供应，是大功率作业的必需手段；载人潜水器的优势则在于定点精细作

△ 无人潜水器“海斗一号”

业，人员可在海底目的物前直接观察、直接取样、直接测绘，以便现场发现和决策。

特别是在复杂恶劣的深海环境里进行观察和作业，载人潜水器是最有效的深海取样和测绘手段。海洋科学家在深海现场直接观察，可凭借专业经验，将捕捉到的水下实际信息及时进行综合整理分析，迅速得出处理意见，操作机械手进行有效的水下作业。

无论是无人的水下机器人，还是载人的深海潜水器，都面临着深海环境极其严峻的挑战。

一是“深”。深海水压巨大，压力随海洋深度递增，超大潜深给潜水器带来全系统安全性设计与集成难题，载人潜水器必须确保潜航员在任何情况下都能安全上浮。以万米深海为例，载人舱和所有设备需承受每平方米 11000 吨的超大压力，对载人舱球壳和固体浮力材料等耐压结构的选材和设计提出巨大挑战。

二是“准”。潜水器潜入深海的主要任务是实现精确定位、精准操控和精细作业。然而，深海黑暗无光、水文地形复杂多变、环境传感数据获取难度高，要在保证潜水器水中机动性的前提下实现针对小目标的动态精准作业，难度可想而知，这对潜水器的控制提出极高要求。

三是“通”。水声通信是深海潜水器实现与水面母船沟通的唯一桥梁。然而，深海水体通透性差，电磁波衰减严重，声波在传输过程中易发生折反射、频移等，导致信号严重畸变，实现稳定可靠的高速率远程水声通信因而十分重要。

我国深潜装备研发不断克服困难、迎接挑战，取得举世瞩目的突出成绩。

集智攻关
走出载人深潜自立自强之路

我国在载人深潜领域起步较晚。20 世纪 60—70 年代，我国首套深海模拟试验设备群建成，相应的试验检测方法、标准和规范逐步形成，为我国深潜装备研发提供了基础技术保障。改革开放后，在国际海洋石油开采事业的促进下，我国先后成功研制 300 米单人常压潜水装备、600 米以浅的系列缆控水下机器人、1000 米和 6000 米自治水下机器人，并形成了一支科研本领过硬的深潜技术研发团队，为之后大深度载人潜水器的研制提供了坚实技术支撑。

20 世纪 70—80 年代，人们对海洋认知和深海资源开发的需求不断增长，对国际海底资源勘探的需求也随之增长。一些发达国家于 80—90 年代相继研发出 6000 米级的载人潜水器，从事深海资源勘探和科学研究。

21 世纪，人类进入大规模开发利用海洋的时期。党的十九大报告指出："坚持陆海统筹，加快建设海洋强国。"探索认知海洋是开发利用和保护海洋的先决条件。为加快建设海洋强国，开发利用深海资源、保护深海生态环境、维护深海权益、保障深海安全，发展相应的装备必须先行。

2002年，7000米载人潜水器研制工作启动，这就是我国首台自行设计、自主集成研制的“蛟龙号”。2012年7月，“蛟龙号”在马里亚纳海沟成功下潜至7062米，创造了中国载人深潜纪录，标志着我国具备了可到达全球99.8%的海洋开展作业的能力。

△“蛟龙号”入水瞬间

为提高我国深潜装备关键技术的自主可控能力，早在2009年“蛟龙号”尚未完成海试之时，科技部就布局了4500米载人潜水器也就是“深海勇士号”设计与关键技术研究项目。历经8年持续艰苦攻关，“深海勇士号”实现载人舱、浮力材料、锂电池、推进器、海水泵、机械手、液压系统、声学通信、水下定位、控制软件10大关键部件的国产化，并于

△“深海勇士号”

2017年10月成功完成海试，为深海载人深潜高端装备“中国制造”探索出一条切实可行的路径，实现了我国载人潜水器由集成创新向自主创新的历史性跨越。

△“奋斗者号”

有了“蛟龙号”和“深海勇士号”的基础，瞄准全球海洋最深处逐步成为可能。2016年，科技部支持“奋斗者号”全海深载人潜水器研制项目，开启历时5年的集智攻关工作。2020年11月，“奋斗者号”在马里亚纳海沟完成8次万米级下潜，并且实现全球首次万米深海作业现场的高清视频直播，标志着我国具备进入世界海洋最深处开展科学探索和研究的能力，实现在同类型载人深潜装备方面的超越和引领。

“用字当头”是大深度载人潜水器工程研发的首要宗旨。“要用”是工程立项的原动力，“顶用”是工程发挥作用的生命力，“用好”是工程寿命期实现的保障。“蛟龙号”“深海勇士号”“奋斗者号”三台大深度载人潜水器研制成功后，已累计完成523次下潜任务，取得丰硕成果。

我国载人深潜遵循严谨的科学发展路线，一步一个脚印走

△ 顺利完成“奋斗者号”2021 年度第二阶段常规科考应用保障任务的功勋母船“探索一号”

出中国特色的自立自强之路，实现了自主设计、自主制造、关键技术自主可控，特别是在设计计算方法、基础材料、建造工艺、通信导航、智能控制、能源动力等方面，实现了由“中国制造”向“中国创造”的跨越。以“奋斗者号”的核心部件载人球舱为例，其钛合金板材由我国自主研发，强度高、韧性好、可焊性强，是国际上 30 年来在载人深潜技术新材料应用上取得的首次突破。

地球上的海洋深度是有限的，但探索深海奥秘、开发深海资源、保障深海安全的技术发展是永无止境的，我国深潜技术前进的征途仍任重而道远。未来，以服务国家战略和深度科技创新为使命，深潜装备与技术将进一步面向实际应用场景进行工程化开发，实现多种类型载人及无人装备的全海域、协同化、大型化、作业化发展，更好满足深海勘探、矿产开发、科考作业、深海救援等需求。科研工作者将进一步践行“严谨求实、团结协作、拼搏奉献、勇攀高峰”的中国载人深潜精神，勇攀深海科技高峰，助力海洋强国建设，为人类认识、保护、开发海洋不断做出新的更大贡献。

无人潜水器刷新深渊科考世界纪录

2021年，“海斗一号”全海深自主遥控潜水器在国际上首次实现了对挑战者深渊西部凹陷区的大范围全覆盖声学巡航探测，以自主模式创造了万米海底连续巡航时间（超8小时）、万米航行距离（超14千米）和最大下潜深度（10908米）等多项世界纪录。

中国水下机器人的研发应用，从白手起家到刷新世界纪录，走过近半个世纪的跋涉历程，这段历程也见证了中国走向深蓝的不懈探索。

自动化研究所
号

中国水下机器人的艰难起步

1956年，我国掀起了一个向科学进军的热潮，周恩来总理亲自领导制订我国科学发展十二年规划。规划中有四项紧急措施，决定在中国科学院建立四个新型研究所，中国科学院自动化研究所就是其中之一。1971年，周恩来总理在抓科研工作时更是明确了“科学院应该在广泛深入实际的基础上，把科学研究往高里提”的指导方针。

△ 蒋新松院士

被誉为“中国机器人之父”的中国工程院院士蒋新松是机器人研究领域的开拓者。而早在1972年，沈阳自动化研究所的科研人员就提出机器人研究的想法。学术思想活跃的蒋新松瞄准自动化学科的前沿，于1972年和同事们一起向中国科学院提出了《关于人工智能及机器人研究》的申请报告，得到有关专家与领导的认同。1978 年，中国科学院在十年学科发展规划中确定，沈阳自动化研究所侧重机器人学和系统控制理论及其应用的研究。1982 年，我国第一台机器人在这里诞生，为进一步开展机器人相关单元技术研究提供了平台。

早在 1980 年，蒋新松就提出了研究水下机器人的设想，他带着自己的方案四处游说，向领导、专家和相关部门反复汇报。当时有人说这是异想天开。于是，在没有任何经费支持的条件下，研究所自己立项，开展各项单元技术研究和总体方案设计，直至 1983 年正式列入中国科学院重点课题。立项课题为“智能机械在海洋中的应用研究”，即“海人一号”海洋机器人。在蒋新松的组织领导下，经过两年的攻关，研究所于 1985 年在三亚南海完成了潜深 199 米的海上试验。蒋新松亲临现场参加调试，冒着巨大的风浪指挥试验。这次试验的成功受到国际同行的极大关注，它标志着我国水下机器人研究水平迈入世界先进行列。

“探索者”开创新天地

我国自主水下机器人（autonomous underwater vehicle，AUV）研究始于 20 世纪 90 年代初期，1994 年，中国科学院沈阳自动化研究所牵头成功研制我国第一台 1000 米级“探索者”AUV。1995 年，沈阳自动化研究所牵头与俄罗斯合作研制成功我国第一台 6000 米级 AUV，并在太平洋锰结核调查中成功应用，开启了我国水下机器人研究的新领域。

为了研发具有世界先进水平的水下机器人，蒋新松提出了自行研制与技术引进相结合的中国水下机器人发展战略。当时美国在机器人技术方面处于世界领先地位，他通过对美国从事水下机器人研究有关单位的考察，选定引进美国沛瑞公司的水下机器人技术。经过艰苦谈判，美方最终同意转让技术，负责培训中方人员。他同时向专家、领导和用户汇报，经过评审，海洋和水下机器人技术开发被列入国家“七五”攻关项目。蒋新松用自己的辛勤汗水和聪明才智为我国水下机器人的研究开

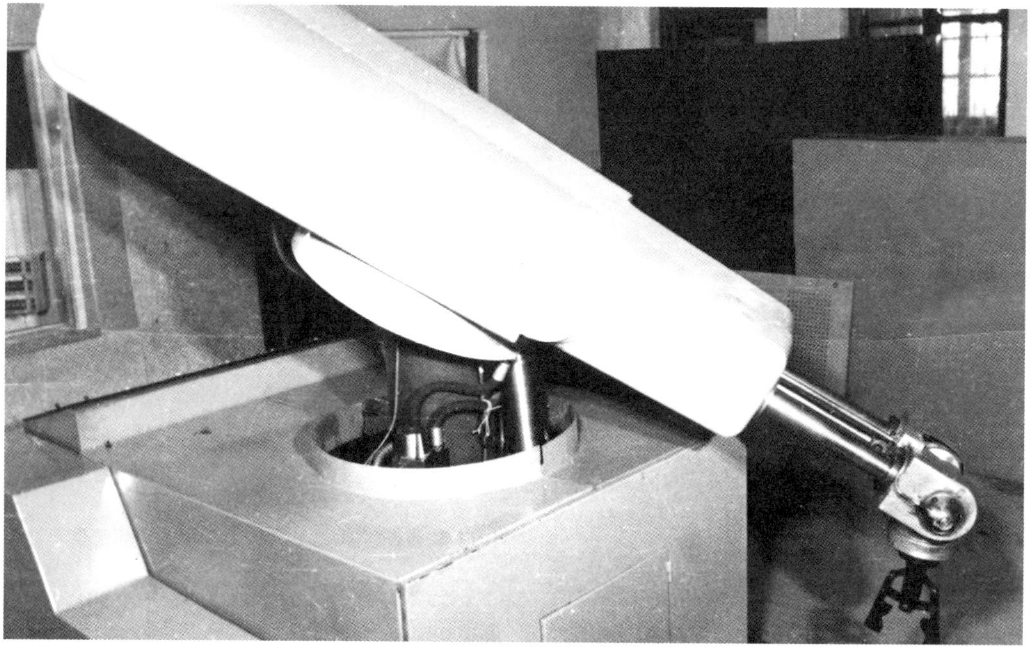

△ 20 世纪 70 年代研制成功的示教再现机械手

发搭建了平台，创造了条件。

1994 年 10 月，从南海传来捷报，我国完全自主研制的 1000 米无缆水下机器人“探索者号”完成了 5 个航次的海上试验，成功地下潜 1000 米水深，成为我国海洋设备到达深海的先驱者。该型号机器人主要技术性能指标均达到国际最先进水平。特别是在回收方式上，“探索者号”在水下应用声学、光学技术组合进行自动跟踪回收，消除了传统回收方式的弊端。它的研制成功，标志着我国水下机器人技术已趋于成熟，使我国在国际海洋权益开发维护上开始有了发言权。

“十二五”期间，特别是党的十八大提出“海洋强国”战略指导思想之后，我国 AUV 研究迎来了快速发展的新阶段。在国家“863 计划”、中国大洋矿产资源研究开发协会办公室和中国科学院战略先导专项等的支持下，面向深海资源调查和海洋科学研究，沈阳自动化研究所成功研制了“潜龙”和“探索”两个系列 AUV，开展了大量的调查应用。

“潜龙”与“探索”
探索海洋的国之利器

深海海底蕴藏着丰富的稀有金属和矿藏。研制深海资源勘查型的深海 AUV，对提升我国深远海资源开发的国际竞争能力、提高我国深远海资源开发利用规模与水平，具有重要的战略意义。面对陆地、近海资源的日益枯竭和新一轮激烈的科技和产业竞争，在中国大洋矿产资源开发协会办公室和国家“863 计划”的支持下，中国科学院沈阳自动化研究所作为技术总体单位，先后牵头研制了“潜龙”系列三型深海 AUV 系统，工作水深为 4500 ~ 6000 米。

“潜龙一号”以海底多金属结核资源调查为主要目的，可进行海底地形地貌、地质结构、海洋环境参数等精细调查，为海洋科学研究及资源勘探开发提供必要的科学数据。2013 年 3 月完成湖上试验，潜水器正式由中国大洋协会命名为“潜龙一号”。

△“潜龙一号”6000 米级 AUV

“潜龙一号”于 2017 年 9—10 月在西太平洋执行了专项航次任务，共下潜 6 个潜次，在 5000 多米深的复杂海底累计航行 120 多小时，获取大量声学探测数据和温盐等物理海洋数据。

“潜龙一号”是我国拥有自主知识产权的首台实用型 6000 米级 AUV 装备，实现了地形地貌、地质结构和海洋环境参数的综合精细调查，为中国履行与国际海底管理局签订的勘探合同提供了有效的、不可或缺的技术手段。

“潜龙二号”集成了热液异常探测、磁力探测、微地形地貌测量和海底照相等技术手段，主要应用于多金属硫化物等深海矿产资源勘探作业。“潜龙二号”也是我国首台获得中国船级社（CCS）入级证书的无人潜水器。

2016—2018 年，“潜龙二号”连续三年执行了我国西南

△“潜龙一号”拍摄到的太平洋海底照片

△“潜龙二号”拍摄到的深海热液硫化物

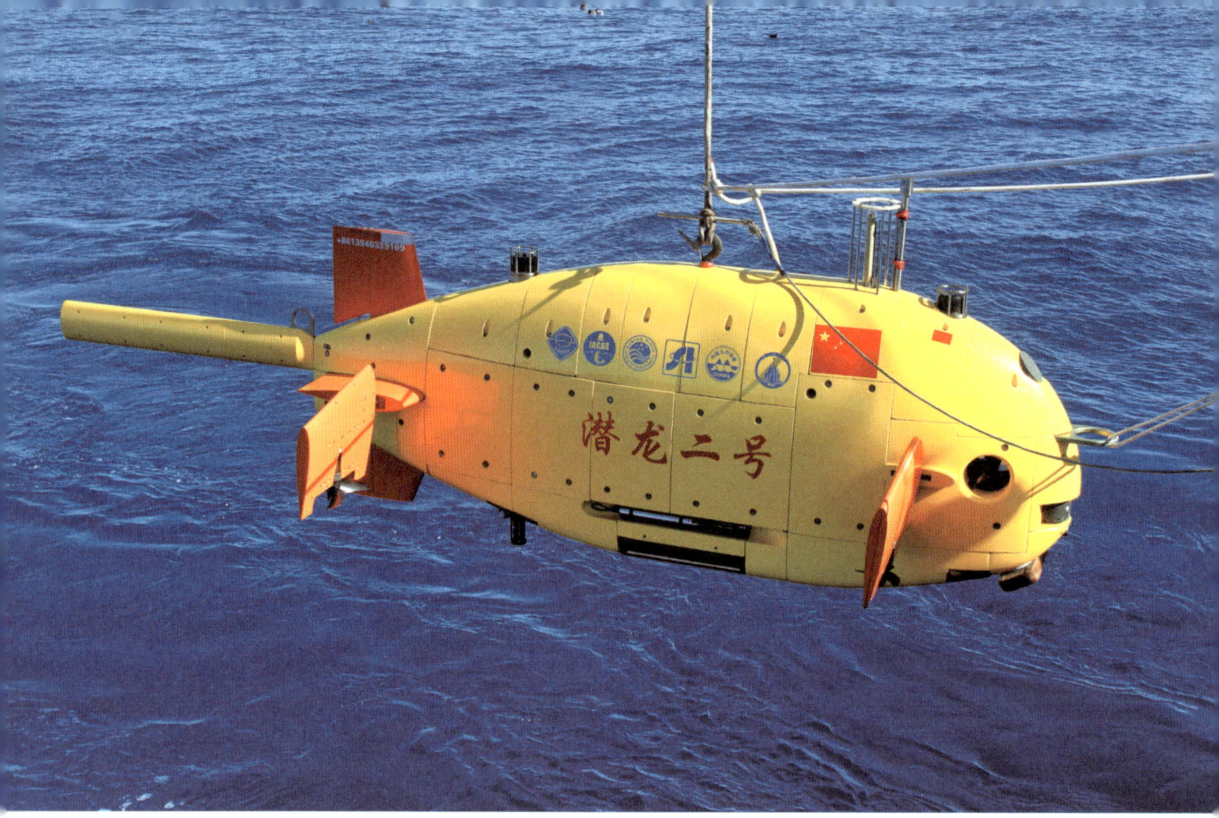

△“潜龙二号”4500 米级 AUV

印度洋多金属硫化物矿区的航次调查任务，累计下潜 35 潜次，工作时间 700 多小时，获取大量的近海底精细三维地形、区域水体异常、海底照片及近底地磁等分布特征数据，发现多处热液异常点，为该海域海底矿区资源评估奠定了科学基础。

“潜龙三号”以完成大洋多金属硫化物矿区的资源调查任务为主要目标，具备微地貌测深侧扫声呐成图、温盐深剖面探测、甲烷探测、浊度探测、氧化还原电位探测、高清照相以及三分量磁力探测等热液异常探测功能。2018 年 5 月，“潜龙三号”完成总计 4 个潜次的海试和试验性应用任务。在海试中，“潜龙三号”在 4000 米海域近底连续工作近 46 小时，航程 157 千米，创下我国深海 AUV 单潜次航程最远纪录。

在试验性应用中，“潜龙三号”顺利完成了对南海结核试采区的声学、光学以及相关水体参数的探测，获得了几十平方千米的地形地貌数据和上千张结核区海底清晰照片。“潜龙三号”在水下自主探测的同时，还实现了母船在附近海域开展其他科考作业，大大节约了船时，提高了母船的利用率。“潜龙三号”还成功实现了跨区域探测，在完成结核试采区探测后，长途跋涉几十千米，航行至新区域继续进行海底探测作业。

“潜龙”系列深海 AUV 的研发成功，填补了我国深海资源自主勘查技术的空白，达到国际先进水平，有力推动了我国深海资源勘查技术的发展。“潜龙”系列深海 AUV 在多金属

△“潜龙三号” 4500 米级 AUV

结核区和多金属硫化物区的连续成功应用，标志着我国深海勘探型深海 AUV 开始步入实用化和业务化应用阶段，已经成为我国深海资源勘探的利器，必将在未来的深海资源勘探中发挥更重要的作用。

“探索”系列 AUV 是我国面向海洋科学研究需求研制的拥有自主知识产权的系列 AUV，工作水深覆盖 100 ~ 4500 米。“探索”系列 AUV 在我国海洋观测等领域成功开展了应用，获得了大量观测数据，为我国海洋环境探测、海洋观测和海洋科学研究等领域提供了先进的高技术装备。

△“探索 100” AUV

“探索 100”AUV 是“十二五”国家“863 计划”海洋技术领域“深海潜水器技术与装备”重大项目支持研制的便携式 AUV，主要用于水文调查、水下搜索、环境监测等海洋科学使命。

围绕应用需求，我国组织开展了多次湖海试验，逐步开展应用，包括基于水声通信的多 AUV 水下编队试验、羽流跟踪试验等，取得了重要研究成果。通过大量湖海试验，AUV 的功能不断扩展、系统的可靠性不断提高，平台技术趋于成熟。

“探索 1000”AUV 由中国科学院战略性先导科技专项支持研制，主要用于获取黑潮海域的水文观测数据，为开展黑潮及其变异对我国近海生态系统影响的研究提供装备支撑。

“探索 1000”AUV 具备航行、潜浮及休眠等多种工作模式，可灵活配置，能够对水深小于 1000 米海域的特定观测点进行剖面连续观测，观测时间不少于 30 天，也可以在该海域

△ **AUV 编队**

△“探索 1000”AUV

进行指定间距的多点连续剖面观测。

2018 年 6 月，针对黄海冷水团三维结构调查的需求，“探索 1000”AUV 水下连续工作近 10 天，航程超过 800 千米。期间，连续获取了 29 个剖面的温盐深、叶绿素、溶解氧、浊度以及海流等观测数据。从获取的剖面数据中，研究人员发现了一个有 12℃温度梯度变化的温度跃层，与黄海季节性冷水团现象相吻合。

“探索 4500”是在中国科学院战略性先导科技专项支持下，由沈阳自动化研究所联合中国科学院海洋研究所、中国科学院声学研究所共同研制的深海 AUV。

“探索 4500”仍采用“潜龙二号”的立扁鱼形设计，根据科学需求，加装了更多的传感器，包括温盐深、溶解氧、浊度、pH 值等水文传感器，同时还安装有测深侧扫声呐、浅地剖面仪等仪器，集成自主导航、高机动航行、智能避障决策、热液异常探测、微地形地貌测量、近底水体探测、海底照相等技术，可用于深海热液区复杂环境和生态系统的科学调查研究。

2016 年 7 月和 2017 年 7 月，“探索 4500”先后两次对南海冷泉区进行科学调查应用，累计下潜 9 个潜次，获取超过 40 千米^2 冷泉区精细地形地貌图、近 2 万张海底照片和 100 小时的理化环境多参数探测数据，为复杂环境下的科学研究提供了大量的数据和有力的技术支持。

我国的水下机器人技术研究实现了从遥控到自主，从浅海到深海的跨越式发展，水下工作时间从十几小时发展到十天，航程从几十千米发展到近千千米，实现了自主水下机器人的谱系化发展，通过大量的实际应用，进一步提升了装备的可靠性，进一步加强了技术与应用的紧密结合，整体研制能力已达到国际先进水平。

“潜龙”和“探索”系列 AUV 的成功研制和应用，初步构建了我国面向深海资源探测和海洋科学研究的自主探测技术装备体系，实现了 AUV 装备的国产化，为深海资源探测和海洋科学研究提供了重要的技术手段。随着深海技术的不断进步，AUV 研究将向智能化和集群化方向发展，有效提升

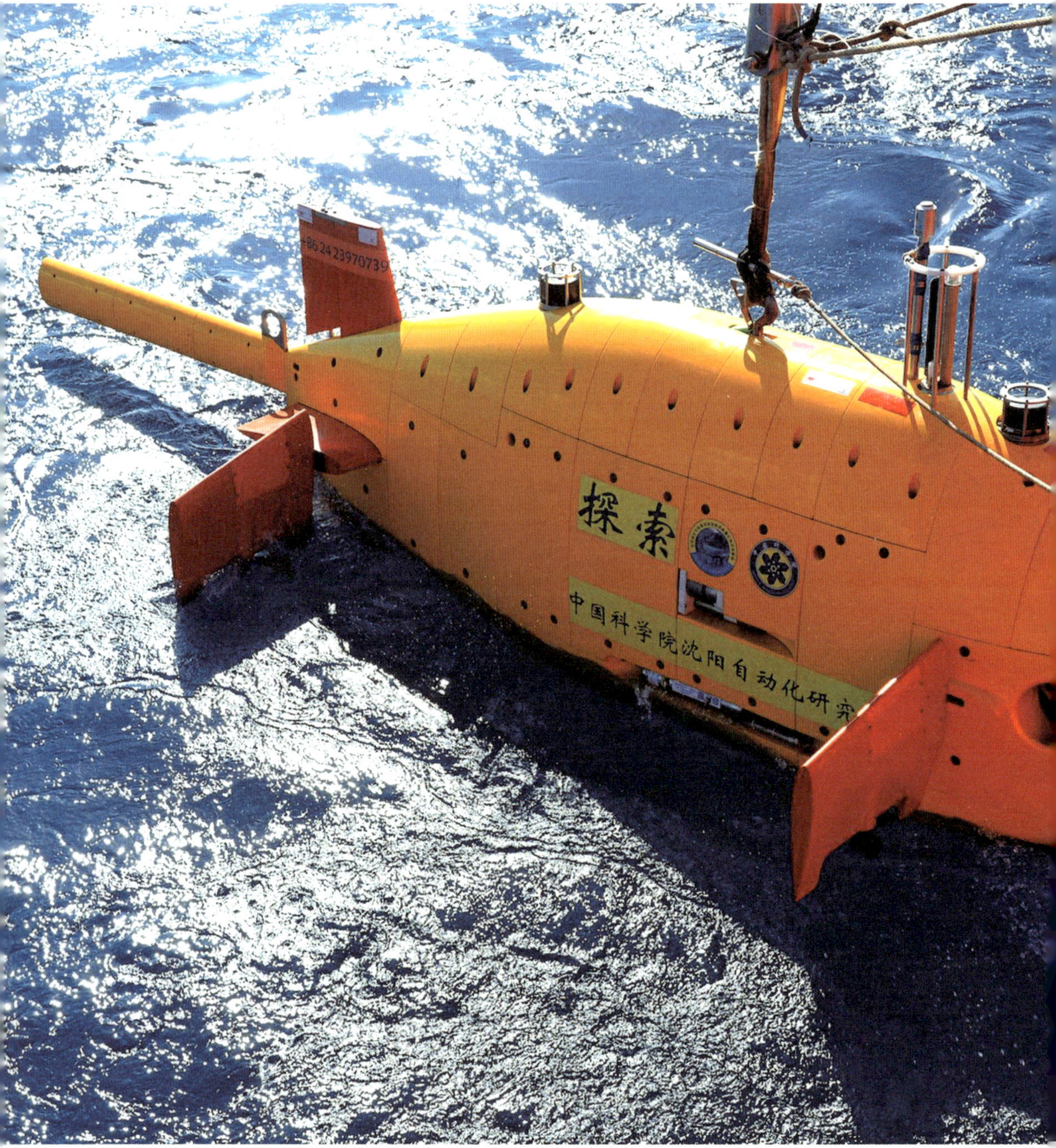

△“探索 4500”AUV

AUV 的自主作业能力，必将在海洋科学、资源调查、水下搜寻、环境监测等多个领域发挥更重要的作用。

“海斗一号”续写佳绩

2021 年，在我国马里亚纳海沟深渊科学考察中，由中国科学院沈阳自动化研究所主持研制的“海斗一号”全海深自主遥控潜水器在国际上首次实现了对挑战者深渊西部凹陷区的大范围全覆盖声学巡航探测，取得世界级成果。其成功应用，表明了我国全海深无人潜水器正式跨入万米科考应用的新阶段，填补了当前国际上全海深无人潜水器万米科考应用的空白。

“海斗一号”在对挑战者深渊西部凹陷区的大范围全覆盖声学巡航探测中，获取了珍贵的深渊海底地形地貌图像，并以遥控模式创造了我国潜水器在万米海底连续工作时间纪录（超 10 小时），以自主模式创造了万米海底连续巡航时间（超 8 小时）、万米航行距离（超 14 千米）和最大下潜深度（10908 米）等多项世界纪录。

中国水下机器人的研发应用，从白手起家到刷新世界纪录，走过近半个世纪的跋涉历程。这半个世纪，也见证了中国走向深蓝的不懈探索。

深水油气开发筑起海上“绿色工厂”

2021 年 6 月 25 日，“深海一号”超深水大气田顺利投产。“深海一号”工程规模居世界第四位，是迄今为止我国油气开发史上第一个完整的巨型深水项目，是标志着我国深水油气田开发能力和深水海洋工程装备建造水平取得重大突破的超级工程。

“深海一号”实现 3 项世界级首创，攻克 10 多项行业难题，稳稳矗立在 1500 米水深的南海，不仅注解了“中国制造”的工匠精神，更是我国综合国力和民族志气的体现！

中国海油
CNOOC
挺进深海
深海一号
SHEN HAI YI HAO
SW
SE

勇向深海进军

新中国成立之初，面对“长铗归来兮，车无油”的慨叹，为党分忧、为国加油、为民族争气，就已经成为中国石油人印在骨子里的使命追求、必须履行的政治责任、必须交出的时代答卷。

半个多世纪以来，一代代海洋石油人与海共舞，接续奋斗，使我国海洋石油事业在极端困境中发展壮大，在濒临绝境中突出重围，在困顿逆境中毅然奋起。今天，“国内油气增储上产看海上”已成为业内共识。

作为海洋大国，我国海洋油气资源丰富，南海油气资源占全国油气资源总量的1/3，其中约1/2蕴藏在深海海域。由于总体勘探程度相对较低，海洋油气资源开发特别是深海油气资源的开发将是我国长期、大幅增产的重要方向。2021年8月20日，来自“深海一号”超深水大气田的天然气，跨越691千米海管，通过白云气田高栏支线正式登陆。“深海一号”超深水大气田可满足大湾区约1/4民生用气需求。

海上的“绿色工厂”是个什么样子？或许，“深海一号”就是一个最佳答案。这个我国首次自主完成设计、建造和安装

△“深海一号”超深水大气田的天然气“上岸”了

的大型深水项目，在我国能源领域发展史上具有里程碑式的意义，“深海一号”不仅是科技自立自强、深海油气开发的一块关键拼图，更是我国绿色低碳发展战略的生动实践。通过加快“深海一号”等气田勘探开发进程，稳步推进平台建造和海管铺设，中国蔚蓝大海的绿色能源串珠成链，一道道“绿色能源桥”在蓝色疆域飞架而起。

△“深海一号”瑰丽夜景

尊重科学　日积跬步致千里

从浅水到深水，从 300 米到 1500 米，向下深入的这 1000 多米走起来“难于登天”——海面下水深每增加一米，压力、温度、涌流等情况会发生巨变，开发难度呈几何级数增加，对材料科学和流体力学等核心学科的应用要求极高。

誓要牵住科技创新“牛鼻子”的“深海一号”建设者们，

以共同之理想，凝聚共同之奋斗，发扬科学家精神，以敢为天下先的创新创造，立上时代潮头。

建设深水半潜式生产储卸油平台，这是一条连外方深水同行都没想过的路。方方面面的限制都在指向一条中国深水科研人日思夜想但从未付诸实践的路。

2014 年 4 月，我国首个深水气田“荔湾 3-1”宣告投产，气田由中国海油与国外能源公司联合开发。在进行设计分工时，外方原本想从 300 米水深“一刀切”，两方分工负责、各管一摊。在中国海油的再三坚持下，科研人员开展了联合研究和平行设计，从而积累了宝贵的深水实践经验。

“荔湾模式”的成功，为深水油气资源开发提供了样板式的参考价值。以至于在几个月后，“深海一号”超深水大气田获勘探发现时，所有人的第一反应都是沿用成熟的“荔湾模式”。但作为工程项目的灵魂，设计绝非简单复制粘贴。

▽ 工作人员在进行施工作业

“深海一号”的情况极为复杂：井位分布距离浅水区域较远，浅水平台不再适用；当时国际油价暴跌，项目难以承担昂贵的外方设计费用。

“荔湾 3-1”气田成功的另一个关键是深水浮托法的应用。2006 年以前，国内不掌握浮托技术，自主设计建造大型海上工程设施的体量受吊装方案的极大限制。工程技术人员用两台电脑和无数个不眠不休的日子，仅用一年的时间，就合力攻克了国内第一个自主浮托设计项目——“渤中 34-1”油田。

接下来的近十年，中国海油从易到难、由浅入深，对浮托法技术层层抽丝剥茧，逐渐应用于十几座海上油气平台组块的

▽“深海一号”傲岸身姿

安装，累计节约成本超 10 亿元，解决了海上施工资源不足和作业条件受限的许多问题。

怒海争锋克难关

20 世纪末至 21 世纪初，中外两次合作勘探琼东南盆地，钻了近十口探井均“折戟沉沙”。莺琼盆地究竟有没有油气？是否存在大气区？在无法回答这两个问题之前，琼东南盆地南部的深水区，在世界勘探圈里是个冷门，无人看好。

面对质疑，海油人认真审视合作勘探之路，深刻认识到：外方公司“大网捞快鱼”的勘探模式不适合复杂的南海海域，要想获得重大发现，必须精耕细作自己的家园。能源报国的信念之火每每燃烧，都会迸发出巨大的精神力量，这种力量历久弥坚。

2010 年，中国海油国内油气年产量突破 5000 万吨油当量大关，建成“海上大庆”，随即提出进军深水的目标。同年，位于“陵水 22-1”构造的琼东南盆地第一口深水井“陵水 22-1-1”井钻获气层 55.3 米。

但深水的胜利并未来得如此容易，此后几次乘胜追击的钻探再次遭遇失利，国际石油公司不断撤出，离开前留下“诊断书”：“储层发育不充分”“难以找到大油气田”……

中国海油的勘探地质工程师们通过矿物研究、地震分析，桌面推演、脚下丈量，最终将储集体的物源区范围锁定到了一个隆起区，通向南海深水区的距离被大大拉近。也正是这一改变，使他们更加确信——南海，存在巨大的油气宝藏！

一次次“求”石问路，让海油人看到了通往南海深水宝藏的通幽曲径。经过深入研究，科研人员认为，盆地中央轴向峡谷水道最有成藏潜力，并将其作为南海深水自营勘探的首选目标，部署了“陵水 17-2-1”探井。

与空间技术类似，深水油气开发风险高、投入大，为规避风险，资源国对成熟技术的依赖形成了深水技术的高门槛，世界上只有屈指可数的国家掌握着成套深水油气勘探开发技术。

当时的世界深水油气开发格局是“欧美设计、亚洲制造”，“第一梯队”国家在深水工程装备研发设计、深水关键设备制造等领域占据支配地位，拥有 80% 以上的核心专利技术。

从合作勘探到自营勘探，深水勘探的“蜀道之难”，让中国海油人深刻认识到：挺进深海，不仅需要精细的地质油藏研究，还需要在装备、技术、人才、管理等各方面奋起直追。海油人通过重点工程项目带动科技创新——以深水装备关键设计建造技术为研发对象，与国内船企、科研机构、大学深入合作，科研课题和工程项目齐头并进，研究成果直接应用于工程项目。

正是在这种啃硬骨、涉险滩、闯难关的担当精神激励下，通过装备、技术、人才、管理环环相扣，中国海油打造以深水平台为核心、以“五型六舰”为主体的“联合舰队”，走出了一条学以致用的深水自营之路。

“深海一号”大气田的核心装备——“深海一号”能源站（简称能源站），建造工期紧、质量要求高、安全风险大，国际同行一度认为“不可能完成”。面对能源站建造的种种“不可能”，气田开发建设者们跨栏冲刺，敢闯硬核关：在项目最吃紧的关头，党员请战，带领施工人员昼夜赶工，现场过春节，雪夜抢工期；在 2 万吨重的上部组块与 20 层楼高的船体大合龙时，作业人员精心施工，高质量完工。

△“深海一号”能源站上部组块和下部船体成功合龙

△ 从空中鸟瞰“深海一号”

按原计划，能源站于 2018 年年底开工建造，但因缺乏相关技术和经验，项目组和总包商都是一头雾水，项目迟迟无法开工。2019 年 5 月开工后，又因各种难题交织，难以前行。究其原因，主要是相比浅水，深水油气开发难度呈几何级数增加，中国海油几十年的浅水油气田开发经验被“颠覆”，关键技术掌握在少数发达国家手里。

与此同时，中国对清洁能源的需求持续大幅增长，油气对外依存度不断攀升。工程建设者们以难题为导向，“针尖对麦芒”式分析问题、解决问题。缺技术就学习技术、钻研技术、创新技术；缺资源就立足国际国内两个市场，整合全球优质资源，高效完成设备设施采购。

以目标为动力，用非常举措行非常之举。强管理——制订10类250余项施工措施，逐级召开誓师大会；争分秒——作业高峰期5000余人、17台大型履带吊，不分昼夜作业。

正是凭借这样的钻劲、韧劲、狠劲、拼劲，2019年7月能源站建造开始提速，2020年5月实际进度赶上计划进度，2020年10月能源站建成，工期不到国际同类项目的一半。

能源站建造速度如此之快，质量怎样？一组数据给出答案。能源站2万吨重的上部组块与20层楼高的船体大合龙，累计公差仅6毫米，同类工程中世界罕见；能源站焊接一次合格率达99.48%，设备一次安装、调试、验收合格率达96%以上，且实现3项世界级首创技术、13项国内首创技术，攻克10多项行业难题。

能源站的高质量，凸显了开发建设者们高超的“绣花功”，体现了他们刻苦钻研、精益求精的工匠精神。精于工，匠于心，品于行，不断雕琢，不断改进，对每个部件、每道工序凝神聚力、精益求精。他们以永攀质量高峰的行动，注解了“中

国制造”的工匠精神。

2021 年 1 月，能源站启航赴南海，这是国内首次进行大型装备长距离拖航，风险比比皆是。最终，这个重 5 万余吨、40 层楼高的海上“巨无霸”，从山东烟台出发，由渤海过黄海、越东海，历时 18 天、航行 1609 海里，安全抵达指定海域。

在随后的设备设施安装调试中，近千人参加会战，动用

▽“深海一号”能源站在 3 艘大马力拖轮的牵引下驶向南海陵水海域

了 10 多条大型船舶，完成了海管连接等各类高难度、高风险作业。

大舸中流下，青山两岸移。面对深水征程中的一个又一个险滩壁垒、顽症痼疾、棘手难题，永远需要敢教日月换新天的豪情壮志，永远需要偏向虎山行的“敢死队”，永远需要振翅向前行的奔腾血脉。只有这样，我们才能不断闯关夺隘，才能不断从胜利走向胜利。

▽ 2021 年 5 月 28 日，“深海一号” 能源站机械完工，具备投产输气条件

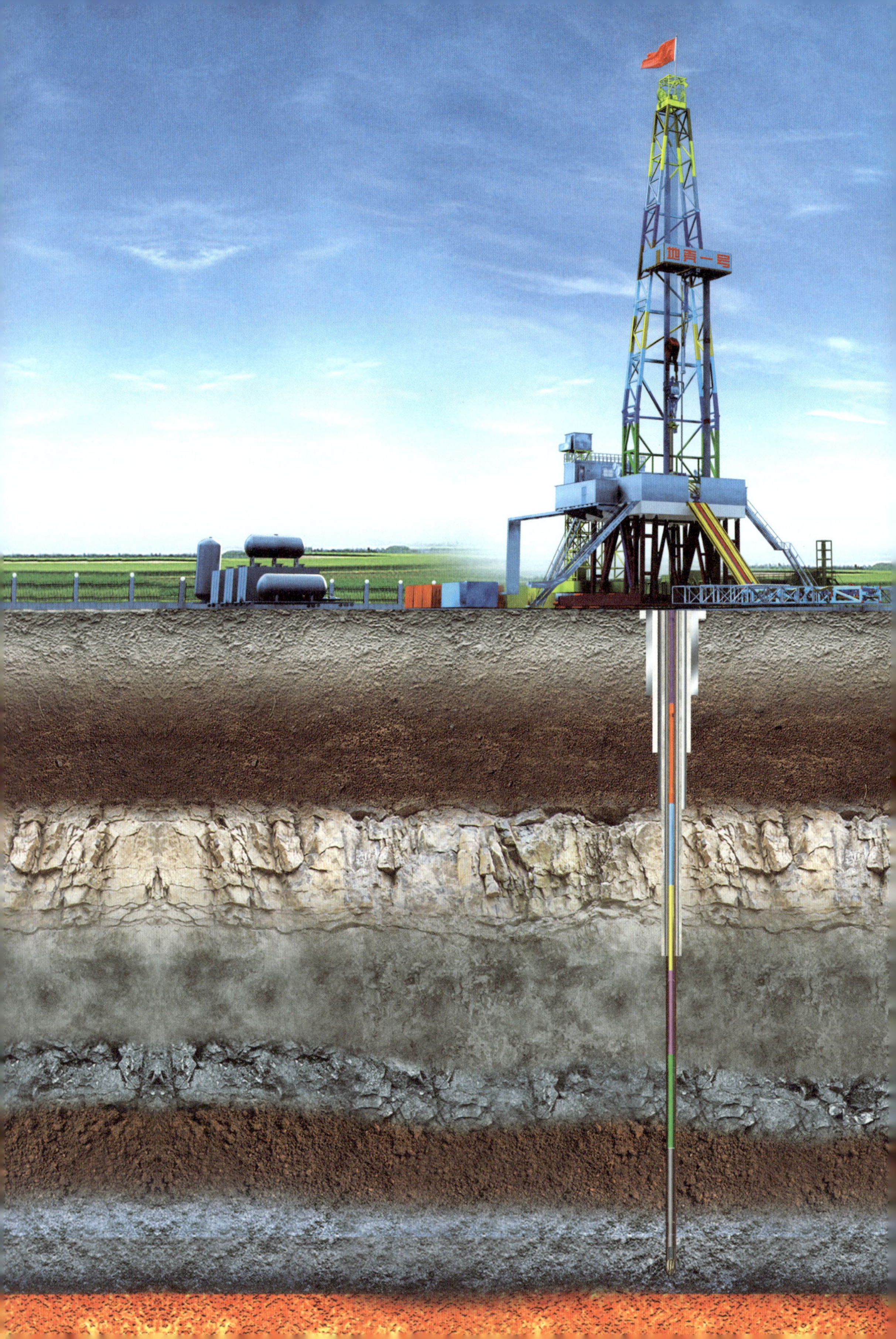
地壳一号

入地

在 2016 年召开的“科技三会”上，习近平总书记做出重要指示：“向地球深部进军是我们必须解决的战略科技问题。”《中华人民共和国国民经济和社会发展第十四个五年规划和 2035 年远景目标纲要》提出，在深地、深海等前沿领域实施一批具有前瞻性、战略性的国家重大科技项目，把地质科技创新提升到关系国家科技发展大局的战略高度。

地球是人类赖以生存的家园，截至目前，人类生存和发展所需的资源都来自地球。地下深度 2 千米以内的空间是人类可利用的地下空间，这里蕴藏着丰富的地下水资源；地下深度 5 ~ 10 千米的空间是能源和资源空间，这里有丰富的油气、矿产和地热资源等；地下深度超过 10 千米的空间是地震等自然灾害发生的空间。人类在地球上生存的历史已达数百万年，但人类对地球的认知只能称为“沧海一粟”。地球半径约 6000 千米，目前人类科技能够抵达的最深处仅万米左右，深邃而神秘的地下空间，等待着人类去叩启和探知。

虽然我国的深地探测起步较晚，但却在短短数年间取得了超越之前数十年的成绩。2018 年 5 月，“松科”2 井顺利完井，“地壳一号”万米钻机完钻井深 7018 米，刷新了我国大陆科学钻探的纪录。“松科”2 井成为我国最深的科学钻井，也是全球第一口钻穿白垩纪陆相地层的大陆科学钻探井。

我国对地下空间的开发和利用，起步同样晚于西方发达国家。我国城市地下空间建设始于 20 世纪 50 年代，主要为备战备荒的防空地下室。最近十余年，我国以地铁为主导的地下轨道交通、以综合管廊为主导的地下市政等快速崛起。截至 2020 年年底，我国城市地下空间累计建设 24 亿米^2，已成为名副其实的地下空间开发利用大国。我国地下空间专用装备制造及相关技术厚积薄发、打破国外垄断，以盾构机为典型代表的专用装备走出国门，成为为世界拓展地下空间的“钢铁巨龙”。

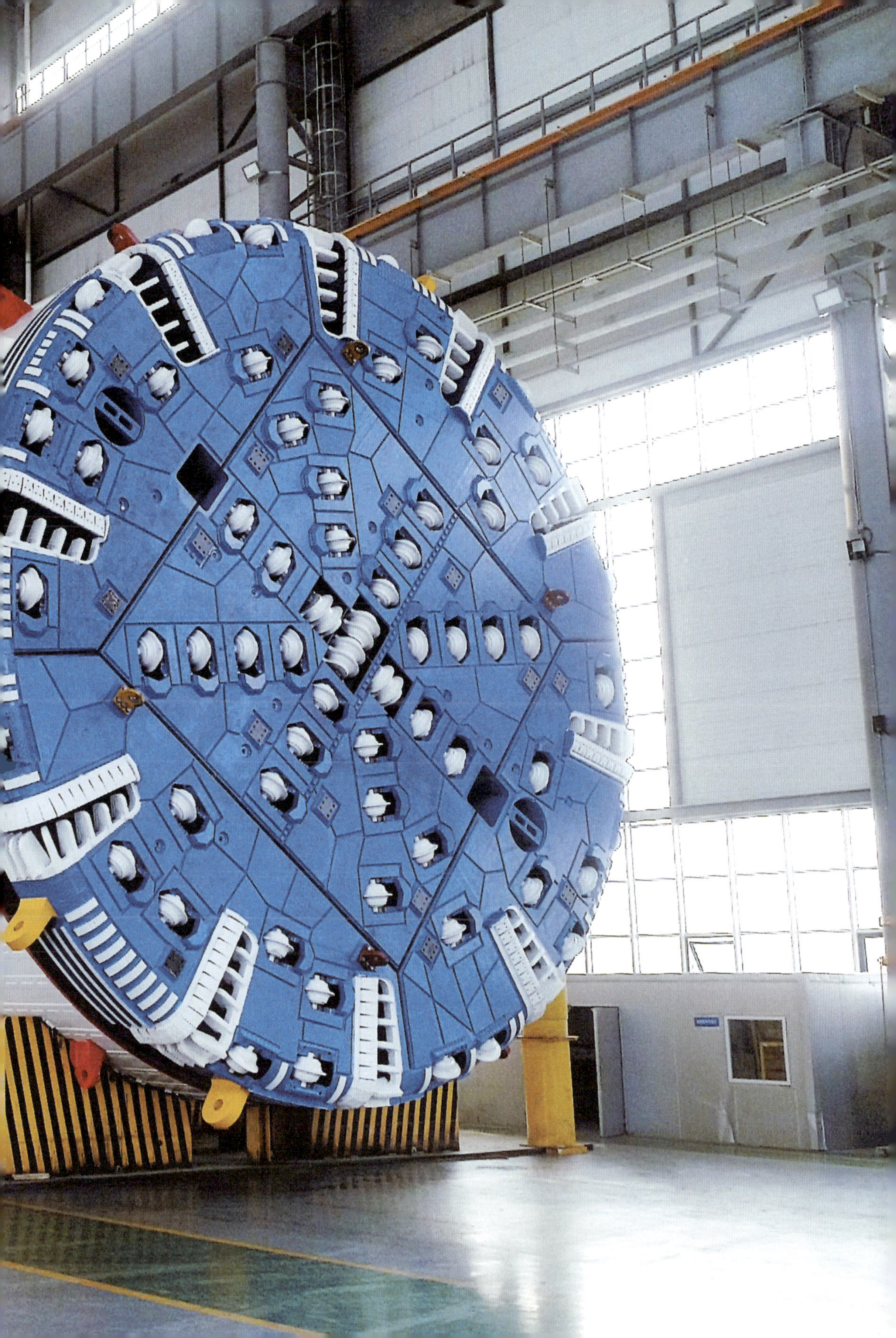

深部探测叩启地球之门

“入地”与“上天”“下海”一样，是人类探索自然、认识自然和利用自然的一大壮举。虽然我国的深地探测起步较晚，但却在短短数年间取得了超越之前数十年的成绩。

2014 年 4 月，“松科”2 井正式开钻，我国在“向地球深部进军”的道路上迈出了坚实的一步。2018 年 5 月，“松科”2 井顺利完井，“地壳一号”万米钻机完钻井深 7018 米，刷新了我国大陆科学钻探的纪录。“松科”2 井成为我国最深的科学钻井，也是全球第一口钻穿白垩纪陆相地层的大陆科学钻探井。

向地球深部进军

地球深部探测，关乎人类生存、地球管理与可持续发展。越来越多的证据表明，我们在地球表层看到的现象，根在深部，缺少对深部的了解，就无法理解地球系统。越是大范围、长尺度，越是如此。深部物质与能量交换的地球动力学过程，引起了地球表面的地貌变化、剥蚀和沉积作用，以及地震、滑坡等自然灾害，控制了化石能源等自然资源的分布，是理解成山、成盆、成岩、成矿、成藏和成灾等过程成因的核心。

20 世纪 90 年代初，由德国牵头，在国际地学界的支持下，28 个国家的 250 位专家共同讨论了“国际大陆科学钻探计划”。1996 年 2 月 26 日，中、德、美三国签署备忘录，成为发起国，正式启动“国际大陆科学钻探计划”。

2006 年,《国务院关于加强地质工作的决定》下发实施，明确将地壳探测列为国家目标和意志，于 2008 年据此启动实施的“深部探测技术与实验研究专项”，成为中国深地探测具有标志性意义的里程碑。

在 2016 年召开的“科技三会”上，习近平总书记提出“向地球深部进军是我们必须解决的战略科技问题”，把地质科技创新提升到关系国家科技发展大局的战略高度。组织和实施地球深部探测重大科技项目是落实国家科技战略、拓展发展空间、提升地球认知、解决我国能源资源短缺和自然灾害预测等问题的重要途径。

2018 年 5 月 26 日,“松科” 2 井顺利完井,“地壳一号”万米钻机完钻井深 7018 米，刷新了我国大陆科学钻探的纪录。“松科” 2 井成为我国最深的科学钻井，也是全球第一口钻穿

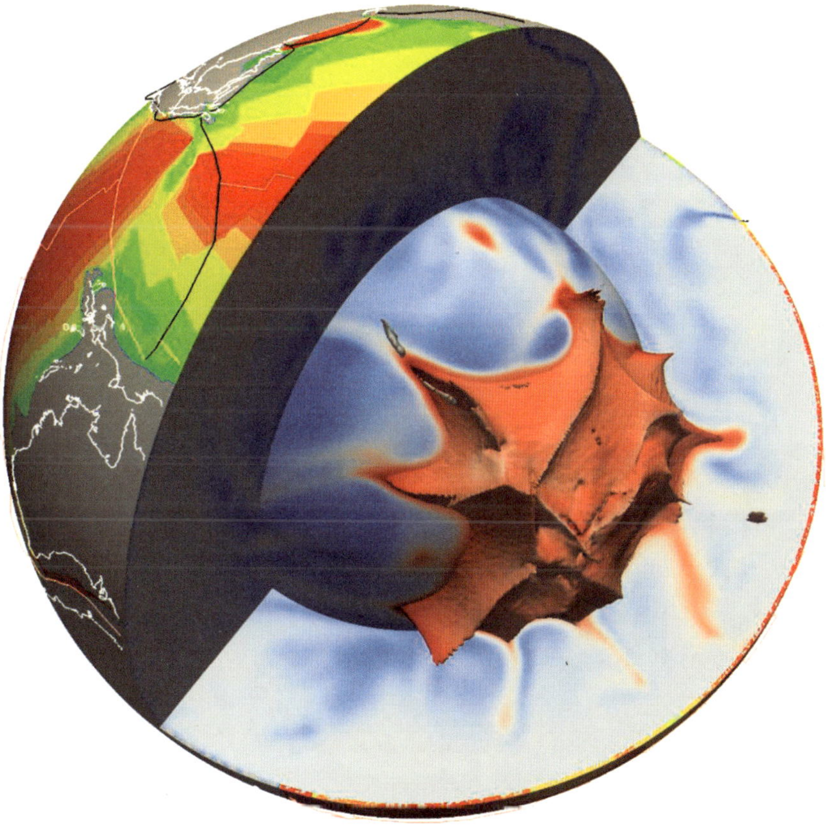

△ 三维地球示意图

白垩纪陆相地层的大陆科学钻探井。这标志着我国在“向地球深部进军”的道路上又迈出了坚实的一步。

前赴后继　实现赶超

虽然我国的深地探测起步较晚，但却在短短数年间取得了超越之前数十年的成绩，从“跟跑”进入“并跑”阶段，部分领域达到“领跑”水平。这些成绩的取得，源自我国深地探测科研团队前赴后继的科研攻关和忘我付出。我国著名地球物理学家黄大年，就是他们中的杰出代表。

△ 黄大年给同学的毕业赠言

黄大年，这位在大学毕业时的同学赠言中写下“振兴中华，乃我辈之责”的科技工作者，于2009年响应国家召唤，毅然放弃在国外已有的科技成就和舒适生活，回到祖国。他在给吉林大学地球探测科学与技术学院领导的邮件中写道：“多数人选择落叶归根，但是高端科技人才在果实累累的时候回来更能发挥价值。现在正是国家最需要我们的时候，我们这批人应该带着经验、技术、想法和追求回来。”

回国后的黄大年被选为“深部探测技术与实验研究专项”第九项目——“深部探测关键仪器装备研制与实验项目”的负责人。他带领团队夜以继日地开展工作，为了保证工作时间，他几乎每次出差都是乘最早的航班出发，乘最晚的航班返回，正餐也常常以一两根玉米代替。

在黄大年团队的努力下，我国在万米深度科学钻探钻机、大功率地面电磁探测、固定翼无人机航磁探测、无缆自定位地震探测等多项关键技术方面进步显著，快速移动平台探测技术装备研发攻克“瓶颈”，成功突破了国外对中国的技术封锁。

2017 年 1 月 8 日，年仅 58 岁的黄大年因病逝世。习近平总书记对黄大年的先进事迹做出重要指示：

黄大年同志秉持科技报国理想，把为祖国富强、民族振兴、人民幸福贡献力量作为毕生追求，为我国教育科研事业作出了突出贡献，他的先进事迹感人肺腑。

我们要以黄大年同志为榜样，学习他心有大我、至诚报国的爱国情怀，学习他教书育人、敢为人先的敬业精神，学习他淡泊名利、甘于奉献的高尚情操，把爱国之情、报国之志融入祖国改革发展的伟大事业之中、融入人民创造历史的伟大奋斗之中，从自己做起，从本职岗位做起，为实现“两个一百年”奋斗目标、实现中华民族伟大复兴的中国梦贡献智慧和力量。

深部探测叩启地球之门

深地震反射与天然地震层析成像技术是深部探测的两项关键技术。通过研究地震波在地球内部的传播，可以了解地球内部的壳幔结构和波速结构，深入认识地球。近垂直深地震反射探测技术被国际地学界公认为研究大陆基底、解决深部地质问题和探测岩石圈精细结构的有效技术手段，号称“深部探测的技术先锋”，具有探测深度大、分辨率高和准确可靠等特点，是大陆动力学和深部地壳精细结构研究的主要手段。被动源天然地震层析成像技术是地球深部构造研究中的一项重要研究方法，被称为“窥探地球深部的窗口”。反射折射联合层析成像，是一种能提供高精度高分辨率的三维定量速度成像方法，已成为深部探测与资源勘查的得力助手。

科学钻探是获取地球深部物质、了解地球内部信息最直接、有效、可靠的方法，是地球科学发展不可缺少的重要支撑，也是解决人类社会发展面临的资源、能源、环境等重大问题的重要技术手段。

2001 年，中国大陆科学钻探工程第一口井在江苏省连云

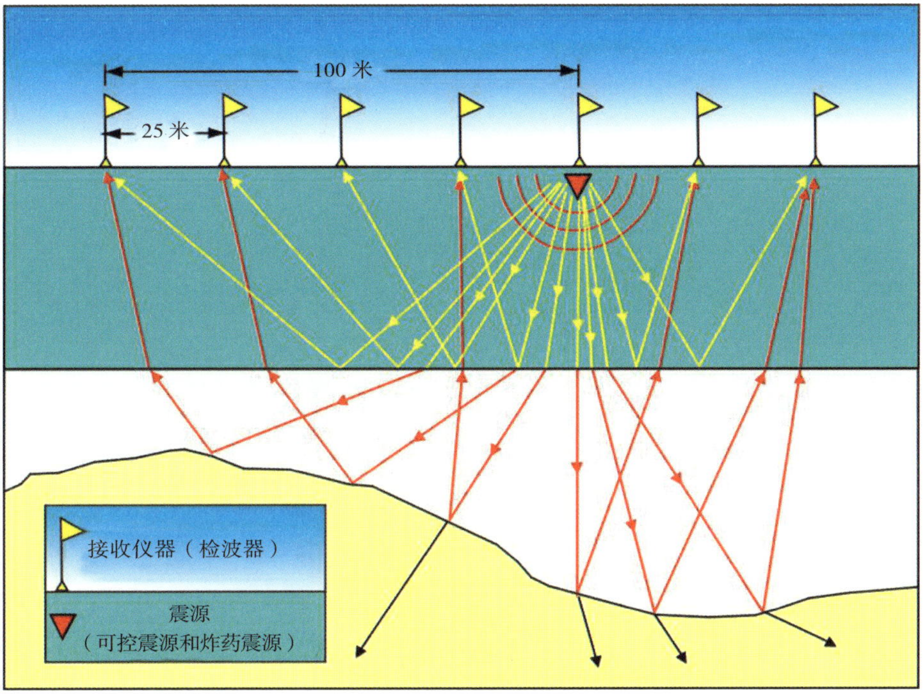

△ 深地震反射基本原理示意图

港市东海县开钻，2005 年钻探结束，共钻进 5158 米，取芯钻进 1074 个回次，岩芯采取率 85.7％，其中获取的最长岩芯为 4.67 米。随后，我国在这口钻井的基础上建立了深井地球物理长期观测站，为监测我国东部郯城－庐江断裂带及邻区地壳活动性和动力学状态积累系统的科学资料。此后，我国又开展了青海湖环境科学钻探、松辽盆地白垩纪科学钻探、柴达木盐湖环境资源科学钻探等，总共钻进约 35000 米进尺。

2007 年 10 月，中国白垩纪大陆科学钻探工程——“松科”1 井的钻探工作在我国松辽盆地北部完成。2014 年 4 月，

△“地壳一号”万米钻机整机系统

“松科”2井正式开钻，设计深度为6400米，预计获取4500米的关键岩芯。我国自主研发的深部探测关键仪器装备——“地壳一号”万米大陆科学钻探钻机，具有数字化控制、自动化操作、变流变频无级调速、大功率绞车、高速大扭矩液压顶驱、五级固控系统等突出特点，为开展超深科学钻探做好了装备准备。“地壳一号”在大庆实施“松科”2井科学钻探工程（7018米），成为世界上正在实施的最深取芯科学钻。“松科”1井和“松科”2井，可以有效探索深部能源资源和探究距今1.45亿~0.65亿年间的地球温室气候变化，也是目前为止国际上最长而且连续的一条白垩系陆相沉积记录。

“深部探测技术与实验研究专项”已获取的海量高质量地球深部多参数数据，为揭示深部结构和组成提供了崭新的资料证据，且数据实现共享。例如，专项建立全国地球化学基准网，首次获得全国78种地壳元素分布情况，制作出世界第一张“化学地球”图件。在国家紧缺资源、灾害以及地质科学研究的关键部位实施了 12 口科学钻探孔，累计完成科学钻探进尺 23905.44 米，获得了宝贵的深部样品和实物资料。

“深部探测技术与实验研究专项”取得的一批重要地质发现，将改变传统的地质认识和学术模型。这些新的发现和成果资料为我们重新认识和理解中国大地构造和重大基础地质问

△ **工作人员在钻井平台检查井口**（新华社记者 / 摄）

题、探讨地球深部结构与深部过程提供了宝贵的证据。

深部探测技术与实验研究发现了一批具有战略意义的重大找矿线索，为实现找矿战略行动计划提供了有力支撑。例如，专项在松辽白垩纪盆地之下发现残存的古沉积盆地，为在大庆之下寻找隐伏深部油气藏提供了战略依据。探测发现我国西藏、北方巨型稀土元素聚集区，具有超大型矿床潜力。

“深部探测技术与实验研究专项”成功研究与实验的一系列技术方法，极大地加快了我国深部探测的进度，使我国跻身世界深部探测大国行列。但是，地球深部探测研究任重而道远，目前的成绩只是阶段性胜利。下一步我国将加快向地球深部进军的步伐，在“深地资源勘查开采”重点专项和“深地颠覆性先导技术研究计划”的基础上，启动实施深地领域面向2030 年的科技创新重大项目。我国地学家将继续面向国家能源资源和环境保护的重大需求，叩启地球之门，揭示大陆地壳的深部奥秘，开拓利用好深部能源资源与国土空间，实现地质调查与科学认知由浅表走向深部，提升能源资源保障与安全利用程度。

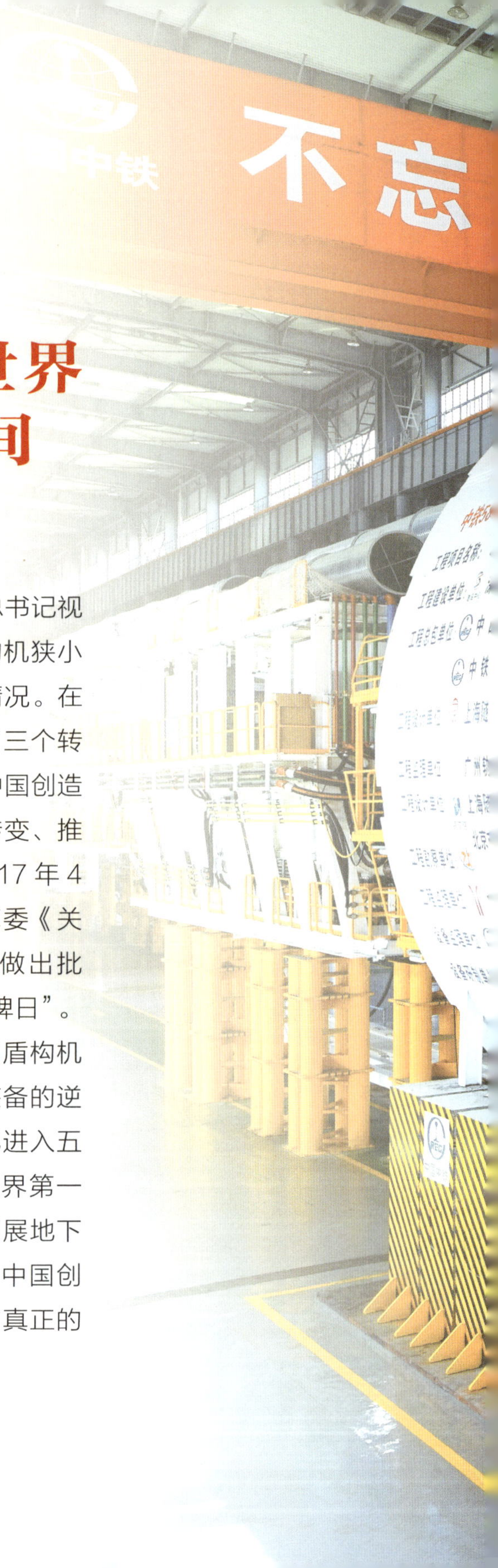

“中国盾”为世界拓展地下空间

2014 年 5 月 10 日，习近平总书记视察中铁工程装备集团。他走进盾构机狭小的控制室，详细询问盾构机工作情况。在这次视察中，习近平总书记做出“三个转变”重要指示：“推动中国制造向中国创造转变、推动中国速度向中国质量转变、推动中国产品向中国品牌转变。”2017 年 4 月 24 日，国务院对国家发展改革委《关于设立“中国品牌日”的请示》做出批复，将 5 月 10 日设立为“中国品牌日”。

党的十八大以来，我国从进口盾构机到批量出口盾构机，实现了盾构装备的逆袭。我国自主设计制造的盾构机已进入五大洲 20 多个国家和地区，拥有世界第一的市场占有量。勇往直前为世界拓展地下空间的“中国盾”，以中国设计、中国创造、中国标准和中国质量，打造了真正的中国品牌！

CREC
中国中铁
中国中铁

盾构机，专业名称为全断面隧道掘进机，是集机械、电器、液压、传感、信息等多项现代技术于一体的高科技隧道施工装备。盾构机广泛应用于市政地铁、铁路公路、共同管廊、国防设施、水利水电、矿山隧道等领域，是一个国家科技水平和装备实力重要的标志性产品，有“工程机械之王”的美誉。

每台盾构机都是一个庞然大物，最短几十米，最长 100 多米，重量以“吨”为单位计算。盾构机从生产车间下线后，厂家会将其拆装，运到施工现场，然后组装调试，一切都确保无误，盾构机才能始发工作。

盾构机沿隧洞轴线向前推进，对土壤进行开挖切削，挖掘出来的土碴被输送到后方。盾构机圆柱体组件的壳体即护盾，对挖掘出的还未衬砌的隧洞段起着临时支撑的作用，承受周围土层

的压力，有时还承受地下水压以及将地下水挡在外面。挖掘、排土、拼装隧道衬砌等作业，都在护盾的掩护下进行。盾构机只能前进不能后退。盾构机完成掘进出洞，工人们再将其拆装运走。

盾构机的设计灵感来自船蛆。船蛆是一种软体动物，穴居在木制船舶里，能分泌一种液体涂在孔壁上形成保护壳，以抵抗木板潮湿后发生的膨胀。18 世纪末，英国人在修建横穿泰晤士河的隧道时，遇到非常棘手的工程问题。在英国工作的法国工程师布鲁诺尔受船蛆钻洞的启发，提出了盾构掘进隧道的原理。1823 年，布鲁诺尔制成了世界上第一台盾构机。

盾构机是人类历史上隧道施工的一大技术突破，19 世纪末至 20 世纪中叶，盾构技术相继传入美国、法国、德国、日本等国，并得到不同程度的发展。

从无到有　造中国盾构机

中国在很长一段时间里，主要使用从国外引进的盾构机进行隧道施工。于 1996 年年底全面开工的西康铁路建设工程，是我国首个使用大型盾构机进行隧道施工的工程项目。

西康铁路是一条当时桥隧比非常高的铁路，其中位于长安县和柞水县交界处的秦岭隧道，两线并行，全长 18.46 千米，最大埋深 1.6 千米，隧道两端高差 155 米。隧道长度为当时国内第一、世界第六。

这里地处北秦岭中低山区，地质构造复杂，地质灾害严重，断层、涌水、岩爆等难题，一个个涌现在施工者面前。为了保障安全、缩短工期，我国花费 7 亿多元，从德国维尔特公司采购了 2 台硬岩掘进机。采用硬岩掘进机施工的隧道实现了无爆破、无振动、无粉尘快速掘进，创造了月掘进 531 米和日掘进 40.5 米两项全国铁路隧道施工速度的最高纪录，比采用传统人工钻爆法施工的隧道提前 10 个月贯通。西康铁路秦岭隧道施工，如果用常规施工工法，需 10 多年才能打通，而使用进口掘进机，仅用 2 年多便全线贯通。

当时施工时，先由德方人员操作设备掘进 400 米，之后由中方人员操作，德方人员在旁边指导。一般情况下，掘进

100 米之内德方负责保修，掘进 100 米之后出现问题，德方维修需要收费且费用非常高。由于中方不掌握核心技术，每当出现问题，只能停工，等待德方人员来维修。德方人员维修设备时，不希望中方人员在场，会找各种理由将中方人员支开。中方人员离开几分钟时间，德方人员就将问题解决。这对中方人员来说，是一个极大的刺激。中国，需要有自己的盾构机！

1999 年 9 月，隧道工程局与铁道部脱钩，更名为中铁隧道集团有限公司，归属中国中铁股份有限公司。2001 年 5 月，实行公司制改造后，中铁隧道集团有限公司组建了以该公司为核心，集勘测设计、建筑施工、科研开发、机械制造四大功能为一体的中铁隧道集团，盾构机研发项目被提上工作日程。

盾构机研发涵盖机械、力学、液压、电气等数十个技术领域，精密零部件多达几万个，单单一个控制系统就有 2000 多个控制点。盾构机属于定制产品，每台盾构机都需要根据地质情况进行有针对性的个性化研发，尤其是刀盘和刀具，有时花费一两个月时间，也找不到最佳方案。

从 2002 年开始，科技部将盾构机研发项目列入“863 计划”，连续多年支持盾构机研发，对盾构机国产化和产业化起到了积极的推动作用。

2007 年，中铁隧道集团在盾构机关键核心技术方面取得突破，研制出具有自主知识产权的控制系统模拟检测试验平台并投入使用。2008 年 4 月，中铁隧道集团历经 8 年时间、投入大量人力财力研制的国内首台具有自主知识产权的复合式土压平衡盾构机“中铁一号”成功下线，填补了我国在复合盾构机制造领域的重大空白，打破了外国盾构机“一统天下”的局面，真正实现了我国复合盾构机的从无到有。2009 年 2 月 6 日，“中铁一号”在天津始发。

△ 我国首台复合式土压平衡盾构机“中铁一号”下线

从有到优　创中国品牌

“盾”的本身就代表着坚韧、刚毅，无论是盾构机自主研发的扶持者，还是自主研发的参与者，都始终充满必胜的信心，以振兴民族工业为己任，一往无前、义无反顾。

中国虽然有了自己的盾构机，但当时不少业主和施工单位对国产盾构机的质量还是半信半疑。从小心翼翼地试用，到与进口设备并用，再到使用国产盾构机多于使用进口设备甚至取代进口设备，国产盾构机用过硬的质量取得了业内信任，打开了市场局面。

2012 年，郑州市政府计划在中州大道与红砖路交叉路口修建一条地下人行隧道，如果按照传统的“开膛破肚”施工办法，势必会对地面交通和周边环境造成影响。矩形盾构机能够避免在施工中对城市地面“开膛破肚”，但当国外公司听说要研发超大断面矩形盾构机，认为是根本不可能完成的任务。

不依靠任何人，走自主研发之路！我国研发团队迎难而上，经过几个月的艰苦鏖战，突破了矩形断面低扰动多刀盘协同开挖系统设计技术等多项国际难题，首次提出了多刀盘拓扑分析、层距参数化、动静结合的构型设计方法，首创了双螺旋出渣互馈与掌子面平衡顶推技术。2013 年 12 月，这台长

10.12 米、高 7.27 米的超大断面矩形盾构机胜利下线，国产盾构机向“中国设计、中国制造”迈出了坚实的一步！

△ 直径 8.03 米全断面硬岩掘进机

2015 年，中铁装备研制出具有自主知识产权的硬岩掘进机，推动我国在这一领域进入世界第一方阵。

2017 年，中铁装备自主研发的超大直径泥水平衡盾构机“中铁 297 号”成功下穿北京机场快轨，实现了最大沉降不到 1 毫米，宣告我国精度最高的隧道盾构施工圆满成功。

△ 超大直径泥水平衡盾构机“中铁 297 号”

2017 年 8 月 1 日，由中铁装备自主研制的中国最大直径敞开式岩石隧道掘进机“彩云号”成功下线，应用于亚洲第一铁路长隧——大瑞铁路高黎贡山隧道。

设备开挖直径达到 9.03 米，整机长度约 230 米，整机重量约 1900 吨，填补了国内 9 米以上大直径硬岩掘进机的空白。

大理至瑞丽铁路是国家《中长期铁路网规划》中完善路网布局和国家实施西部大开发战略的重要举措，是一条贯通滇西，走向南亚、东南亚的战略之路，更是一条事关国家“一带一路”重要倡议、重塑南方古丝绸之路、促进滇西地区跨越发展的交通大动脉，对进一步凸显云南面向东南亚、南亚开放的桥梁和纽带作用，对促进沿线地区经济社会发展，推动周边国家实现跨境合作、互通互联，具有十分重大的意义。

高黎贡山隧道是大瑞铁路重点控制性工程，全长 34.5 千米，地形、地质条件极为复杂，具有“三高”（高地热、高地应力、高地震烈度）、“四活跃”（活跃的新构造运动、活跃的地热水环境、活跃的外动力地质条件、活跃的岸坡浅表改造过程）等特征，最大埋深 1155 米，穿越 19 条断层，几乎囊括了隧道施工的所有不良地质和重大风险。同时，大自然鬼斧神工下所形成的高黎贡山，还被称为“物种基因库、自然博物馆、天然植物园、南北动植物交汇的走廊”，情况之复杂全国罕见，施工难度在世界隧道修建史上首屈一指。

2017 年 11 月 24 日进入导洞施工的国外老牌掘进机“罗宾斯”，盾构机直径 6.39 米，截至 2018 年 4 月 22 日累计掘进 943 米，中间“卡壳”两次。而 2018 年 2 月 1 日才在主洞始发的“彩云号”，仅在进场 2 个月的调试磨合期就已挺进 583 米，从未停机，取得了日最高掘进 38.23 米的好成绩，

△ 在“彩云号”巨大的刀盘上，一只以橙、黄、蓝、绿、紫五色绘出的巨幅孔雀展翅欲飞

成功穿越第一个地层交接涌水带。事实证明，“彩云号”的工作效率远比“罗宾斯”高得多，适应性、稳定性也比“罗宾斯”好得多。“彩云号”的成功研发和投入使用，改写了中国铁路长大隧道项目机械化施工长期受制于人的历史。

2018 年 2 月，中铁装备自主设计制造的“中铁 314 号”直接式泥水平衡盾构机破壁而出，顺利完成迄今为止南宁市地铁项目里程最长、埋深最大的隧道掘进任务，标志着我国已全面掌握直接式泥水平衡盾构机核心制造技术。同月，中铁装备制造的小直径联络通道专用盾构机在宁波市轨道交通 3 号线建设中成功应用，18 天即完成了长度 17.04 米联络通道的施工掘进，实现地铁 6 米级区间狭小空间联络通道全机械化施工的重大技术突破。

2018 年 9 月 29 日，国内最大直径 15.8 米泥水平衡盾构机“春风号”下线。“春风号”突破了一系列关键技术，实现了“中国造”大直径盾构机的设计制造迈向国际化、高端化，填补了我国直径 15 米级别大直径泥水平衡盾构机领域的空白，标志着我国大直径泥水平衡盾构机研制技术达到了世界领先水平。

△ 国内最大直径 15.8 米泥水平衡盾构机“春风号”

走出国门　为世界拓展地下空间

2012 年 6 月,“中铁号”盾构机中标马来西亚吉隆坡的地铁建设项目，这是中铁装备出口海外的第一单，标志着在海外市场取得了突破性进展。

2013 年 11 月，中铁装备成功收购德国维尔特硬岩掘进机及竖井钻机知识产权、品牌使用权和相关业务。维尔特，这个曾经在修建西康铁路秦岭隧道时给中方强烈刺激的知名品牌，在十余年后选择与中国品牌强强联合。

2016 年 1 月 24 日，中铁装备研制的世界最小直径硬岩掘进机下线，设备开挖直径 3.53 米，采用小刀间距设计和刀具非线性布置设计、不良地质条件的支护系统等先进技术，应用于黎巴嫩大贝鲁特供水隧道和输送管线建设项目。在使用过程中，这台设备最高日进尺达到 48 米，远高于行业内同类设备的掘进速度。“小块头”迸发出大能量,“跑”出了中国速度,“跑”出了行业新标杆。2019 年，引水隧洞项目投入使用，基本解决该地区的用水问题，约 160 万人口从中受益。

2016 年 7 月 17 日，我国研发的世界首台马蹄形盾构机成功下线。这台设备外轮廓高 10.95 米、宽 11.9 米，整机长 110 米，重 1300 吨。与传统的盾构机相比，马蹄形盾构机不仅是断面的“变形”，更实现了工法、技术的“变形”。该盾

△ 世界最小直径 3.53 米双护盾硬岩掘进机

△ 世界首台马蹄形盾构机

构机能有效减少 10% ~ 15% 的开挖面积，可最大限度提高隧道空间利用率。作为全球首创的隧道新型开挖模式，马蹄形盾构法施工，在规避塌方塌陷风险的同时，施工效率又极高，其最大掘进速度达 60 毫米 / 分，每月可掘进 200 ~ 300 米，有效地缩短了施工工期。2018 年 1 月，这台马蹄形盾构机安全、顺利贯通长达 3056 米的蒙华铁路白城隧道，标志着我国大断面马蹄形盾构机整机技术已达到世界领先水平。

2018 年 7 月，中铁装备自主研制应用于迪拜 DS233/2–深埋雨水隧洞项目的两台大直径盾构机在华隧基地下线，该设备开挖直径 11.05 米，总长约 85 米，整机重量约 2000 吨，这是目前我国出口海外的最大直径土压平衡盾构机。迪拜 DS233/2–深埋雨水隧洞为迪拜城市地下排水系统工程，建成

△ 我国出口迪拜的两台土压平衡盾构机

后将承载迪拜世界中心、世界博览会展馆及周边地区的雨水收集和排洪任务。同年 10 月，首台出口卡塔尔多哈的“中铁 681 号”土压平衡盾构机下线。该设备将应用于多哈排水隧洞项目，项目建成后，将有效提高多哈城市雨水收集处理能力。

2019 年 1 月，我国出口非洲的首台盾构机“中铁 665 号”下线。该设备将用于阿尔及利亚阿尔及尔地铁延伸线的工程建设，项目隧道全长 9565 米，包括 9 个地铁车站和 10 个通风竖井，隧道建成通车后将极大地提升机场的旅客吞吐能力，大大缩短阿尔及尔市区至机场的通行时间。

△ 我国出口非洲的首台盾构机

△ 出口意大利的大直径 10.03 米土压平衡盾构机

△ 出口丹麦的两台土压平衡盾构机

△ 出口欧洲核心区、应用于法国巴黎地铁 16 号线项目的盾构机

△ 出口波兰的超大直径 13.46 米泥水平衡盾构机

2019 年 6 月 22 日，我国出口意大利的大直径 10.03 米土压平衡盾构机下线。这是我国高端隧道掘进装备首次应用于欧盟国家。

2019 年 8 月 21 日，出口丹麦的两台土压平衡盾构机下线。

2019 年 12 月 4 日，出口欧洲核心区、应用于法国巴黎地铁 16 号线项目的盾构机下线。

2020 年 6 月 17 日，出口波兰的超大直径 13.46 米泥水平衡盾构机下线。

2020 年 6 月 18 日，出口澳大利亚的直径 11.09 米硬岩掘进机下线。

2021 年 9 月 22 日，全球最大直径 15.08 米硬岩掘进机“高加索号”投入使用。

△ 出口澳大利亚的直径 11.09 米硬岩掘进机

△ 全球最大直径 15.08 米硬岩掘进机“高加索号”投入使用

从洋盾构机“一统天下”，到中国盾构机实现从无到有、从有到优，以“大型装备、施工技术、精细管理、中国标准、中国品牌”整体方案走出国门，这是一个历史性的跨越。21 世纪被称作“地下空间大开发的世纪”，“中国盾”将面向全球输出优质的产品与服务，树立起中国品牌的良好形象，为世界拓展广袤而深邃的地下空间。

竞速

习近平总书记在第二届联合国全球可持续交通大会开幕式主旨讲话中指出：“新中国成立以来，几代人逢山开路、遇水架桥，建成了交通大国，正在加快建设交通强国。”“交通成为中国现代化的开路先锋。”

新中国成立初期，全国铁路总里程仅 2.2 万千米，公路里程仅 8.1 万千米。改革开放后，交通运输发展逐渐加速，特别是党的十八大以来，交通建设进入基础设施发展、服务水平提高和转型发展的快车道。党的十九大做出建设交通强国的重大战略决策，交通运输发展迎来黄金期。

截至 2020 年年底，我国铁路运营总里程达 14.6 万千米，其中高铁运营里程约 4 万千米，高铁覆盖近 95% 的 50 万以上人口城市，动车组承担铁路客运量达 65%；公路通车总里程达 519.8 万千米，其中高速公路里程达 16 万千米，居世界第一位，覆盖近 100% 的 20 万以上人口城市；航路航线总里程达 23.7 万千米，民航机场覆盖 92% 的地级行政区；运输服务全面提升，网络货运日均运单量 13 万

单，快递年业务量 800 亿件以上，包裹快递量超过美、日、欧等发达经济体总和。

党的十八大以来，我国加快建设“八纵八横”高速铁路主通道、“71118”国家高速公路主线、世界级港口群、世界级机场群，综合交通网突破 600 万千米。北京大兴国际机场、港珠澳大桥、京张高铁、延崇高速公路等重大工程陆续建成投用，为京津冀协同发展和雄安新区建设、长江经济带、粤港澳大湾区、成渝双城经济圈和海南自贸港等重大战略的实施提供了有力支撑。

“六廊六路多国多港”的互联互通架构初具规模，成为“一带一路”建设的重要成果。中老铁路、亚吉铁路、蒙内铁路开通运营，铁路技术装备出口全球 100 多个国家和地区，中欧班列通达欧洲 23 个国家的 185 个城市。由“交通大国”迈向“交通强国”的中国，与世界相交，与时代相通，将在实现自身发展的同时，为全球发展做出更大贡献！

“复兴号”
跑出中国发展加速度

2022 年 1 月 6 日，身披“瑞雪迎春”涂装的奥运版“复兴号”智能动车组亮相京张高铁，成为世界瞩目的焦点。从具有完全自主知识产权的中国标准动车组被命名为“复兴号”，到“复兴号”在京沪高铁、京津城际铁路、京张高铁、成渝高铁实现时速 350 千米商业运营，短短几年时间，“复兴号”以最直观的方式向世界展示了“中国速度”，为经济社会发展注入了强劲动力。

砥砺奋进　中国高铁建设发展日新月异

20 世纪 90 年代，为打破“经济发展受制于交通瓶颈、群众出行受困于一票难求”的局面，铁路部门组织开展了高铁基础理论和关键技术研究，实施了对既有铁路的大规模改造。

1997—2007 年，中国铁路完成六次既有线大提速，繁忙干线提速区段最高运营时速达到 200 千米。2003 年 10 月 12 日，全长 405 千米、最高时速 200 千米的秦皇岛至沈阳客运专线

▽ **京沪高铁动车组在动车运用所内蓄势待发**（京沪高速铁路股份有限公司 / 提供）

投入运营，为高速铁路建设进行了有益探索和技术人才准备。

2004 年 1 月，国务院批准新中国成立后的第一个《中长期铁路网规划》，提出规划建设“四纵四横”快速铁路客运通道，其中客运专线 1.2 万千米以上。2008 年 10 月，国务院批准《中长期铁路网规划（调整）》，提出建设客运专线 1.6 万千米。2016 年 7 月，国务院批准新的《中长期铁路网规划》，提出规划建设“八纵八横”高速铁路网。2019 年 9 月、2021 年 2 月，党中央、国务院先后印发《交通强国建设纲要》《国家综合立体交通网规划纲要》，对建设发达完善的高铁网进行了系统优化布局，为高铁建设发展提供了规划指引。

在国家强有力的顶层设计规划的引领下，中国高铁建设发展日新月异，取得了举世瞩目的成就。

2008 年 8 月，我国第一条设计时速 350 千米，穿越松软土地区的京津城际高速铁路开通运营。

2010 年 2 月，世界上首条修建在大面积湿陷性黄土地区的郑州至西安高速铁路开通运营。

2011 年 6 月，世界上运营列车试验速度最高（时速达 486.1 千米）的北京至上海高速铁路开通运营。

2012 年 12 月，世界上运营里程最长，跨越温带亚热带、多种地形地质区域和众多水系的北京至广州高速铁路全线贯通。

2013 年 12 月，连接长江三角洲、台湾海峡西岸和珠江三角洲的杭州至宁波至深圳的东南沿海高速铁路全线贯通。

2014 年 12 月，世界上一次建设里程最长，穿越沙漠地带和大风区的兰州至乌鲁木齐高速铁路开通运营。

2015 年 12 月，世界上首条穿越热带滨海地区的环岛高铁——海南环岛高速铁路全线贯通。

2016 年 12 月，横贯东西、经过省份最多的上海至昆明高速铁路全线贯通。

2017 年 12 月，中国首条穿越地理和气候南北分界线——秦岭的西安至成都高速铁路开通运营。

2018 年 9 月，连接香港和内地的广州至深圳至香港高速铁路全线贯通，香港进入全国高速铁路网。

2019 年 12 月，中国第一条采用自主研发的北斗卫星导航系统、设计时速 350 千米的智能化高速铁路——北京至张家口高速铁路开通运营。

2020 年 12 月，拥有 71 项智能技术的北京至雄安新区高速铁路开通运营。

2021 年 1 月，东北地区重要进出关通道——北京至哈尔滨高速铁路全线贯通。

到 2021 年年底，全国高铁营业里程超过 4 万千米。中国成为世界上高铁建设里程最长、运行速度最高、运营场景最丰富、对自然环境适应性最强的国家。如今，从林海雪原到江南水乡，从大漠戈壁到东海之滨，我国高铁跨越大江大河、穿越崇山峻岭、通达四面八方，“四纵四横”高铁网已经形成，“八纵八横”高铁网加密成型，已覆盖全国 94.9% 的 50 万以上人口城市，为广大人民群众创造着美好生活新时空。

△ **哈大高铁沈阳至大连段通过首场暴风雪考验**（杨永乾 / 摄）

△ **海南东环高铁动车在海南陵水黎族自治县海边飞驰**（罗春晓 / 摄）

▽ **“和谐号”动车组列车飞驰在京津城际铁路的高架桥上**（原瑞伦 / 摄）

创新超越 “复兴号”家族惊艳亮相

我国自 2000 年开始组织高速动车组研制开发，先后自主设计研制了“先锋号”“中华之星”等动车组，并上线进行了大量试验。2006 年以来，在对世界先进动车组制造技术引进消化吸收再创新的基础上，批量生产并投入运营了“和谐号”动车组。

从 2012 年开始，我国全面启动中国标准动车组研制工作。在研发实践中，确定了自主化、简统化、互联互通、技术先进

及自主知识产权等顶层目标，提出了动车组动力配置、网络系统架构、车体尺寸等关键技术参数，发布了中国标准动车组技术条件，组织制定了动车组技术方案，明确了开展动车组关键技术攻关的基本路径，确保了研发工作顺利实现预期目标。

2015—2016 年，中国标准动车组先后完成了型式试验、科学研究试验、运用考核。2017 年 6 月 25 日，中国标准动车组被命名为“复兴号”，6 月 26 日在京沪高铁双向首发，9 月 21 日在京沪高铁实现时速 350 千米商业运营，之后不断扩大运营范围。2021 年 6 月，拉萨至林芝铁路开通运营，“复兴号”高原内电双源动车组开进西藏、开到拉萨，历史性地实现了“复兴号”对 31 个省（区、市）的全覆盖。目前，我国已经形成涵盖时速 160 ~ 350 千米不同速度等级，能够适应高原、高寒、风沙等各种运营环境的“复兴号”系列产品，主要性能指标达到世界一流水平。

运营速度方面，目前在京沪高铁、京津城际铁路、京张高铁、成渝高铁等 1910 千米高铁线路上，“复兴号”以时速 350 千米运营，我国成为世界上唯一实现高铁时速 350 千米商业运营的国家，树立起世界高铁商业化运营新标杆。

安全性方面，“复兴号”车体为整体承载结构，具有高强度、高耐撞性和轻量化特点；整车设置智能化感知系统，特别是在智能型“复兴号”动车组部署 2700 余项监测点，开发了自我感知、健康管理、故障诊断等列车运行在途监测技术，实现了对列车运行状态的全方位监测和实时诊断。

△ **京张高铁“复兴号”智能动车组整装待发**（孙立君 / 摄）

节能环保方面，“复兴号”车体头型进一步优化，有效降低了持续运行的能耗和噪声；与“和谐号”动车组相比，“复兴号”运行阻力降低 12.3%，时速 350 千米条件下人均百千米能耗下降 17%，车内外噪声分别降低 1 ~ 3 分贝和 0 ~ 3 分贝。

舒适性方面，“复兴号”动车组采用减振性能良好的高速转向架，车体振动加速度小、振幅低、噪声弱，平稳性指标达到国际优级标准，较好地解决了列车空气动力学、轮轨关系、车体气密强度等技术难题，提高了列车进出隧道、高速交会时的安全性和乘客舒适度。车厢内部空调系统新风达到 16 米^3/ 人 · 时，比其他国家高 7% ~ 60%；车体宽，空间大，横截面积达到 11.2 米^2，比其他国家多 14.3%，为旅客提供了宽敞舒适的旅行环境。

△“复兴号”内部设施（陈涛 / 摄）

可靠性方面，适应我国地域广阔、环境复杂和动车组长距离、高强度运行需求，“复兴号”整车设计寿命由 20 年提升至 30 年，主要结构部件按 1500 万千米进行考核，整车按 60 万千米进行运用考核，远高于欧洲一般 20 万千米的考核要求，为世界上最高等级的考核标准。

优异的性能让“复兴号”受到广大旅客的青睐，截至 2021 年年底，全国铁路配备“复兴号”系列动车组 1191 组，累计安全运行 13.58 亿千米，运送旅客 13.7 亿人次，“坐着高铁看中国”成为人民群众享受美好旅行生活的真实写照，以“复兴号”为代表的中国高铁成为一张亮丽的国家名片。

自强自立　高铁技术体系“中国标准”构建形成

谁制定标准，谁就拥有话语权；谁掌握标准，谁就掌握主动权。铁路部门高度重视高铁技术标准体系建设，经过多年的探索实践，形成了涵盖高铁工程建设、装备制造、运营管理三大领域的成套高铁技术体系，高铁技术水平总体进入世界先进行列，部分领域达到世界领先水平，迈出了从“追赶”到“领跑”的关键一步。

高铁工程建造领域　我国坚持走自主创新道路，成功掌握了世界级大跨度高铁桥梁建造技术，在桥梁设计理论、新型材料研发、桥梁建造技术、大型施工机械装备等方面取得一系列创新成果，修建了沪苏通铁路长江大桥、五峰山长江大桥2座主跨超千米和武汉天兴洲大桥等6座主跨超500米的世界级大跨度高铁桥梁，实现了从“桥梁大国”向“桥梁强国”的转变；成功掌握了复杂地质条件下长大隧道工程建造技术，建成了广深港高铁狮子洋隧道、西成高铁秦岭隧道群等100多座10千米以上的长大高铁隧道，高铁隧道施工技术达到世界领先水平；成功掌握了高铁路基和轨道设计、施工等关键技术，满足了高铁轨道高平顺、高稳定性和少维护的需要。

△ **沪苏通铁路长江大桥**（单新元 / 摄）

高铁技术装备领域 “复兴号”拥有完全自主知识产权、达到世界先进水平，在全部 254 项重要标准中，中国标准占 84%。适应我国高铁成网运营对通信信号和牵引供电技术的特殊要求，我国自主研发 CTCS-3 级列车控制系统，建成了高铁供电调度控制系统（SCADA），使高铁网具备功能强大、安全可靠的中枢神经系统和电力供应系统。与此同时，北斗导航、5G、大数据等先进技术在高铁得到成功应用。

高铁运营管理领域 我国全面掌握了复杂路网条件下高铁运营管理成套技术，解决了不同动车组编组、不同速度、长大距离和跨线运行等运输组织难题，实现了繁忙高铁干线和城际铁路列车高密度、公交化开行，高峰期发车间隔仅为 4 ~ 5 分钟。

随着我国高速铁路快速发展，我国在世界铁路的地位不断提升，我国专家担任了国际铁路联盟亚太区主席、国际电工委员会副主席、国际标准化组织铁路应用技术委员会主席等领导职务。目前，“一带一路”标志性项目雅万高铁正在顺利推进，有力推动了我国铁路标准走出去。在国际标准化组织铁路应用技术委员会开展的 40 项标准制定工作中，我国主持 9 项、参与 31 项；在国际电工委员会开展的 99 项标准制定工作中，我国主持 13 项、参与 48 项；在国际铁路联盟开展的 606 项标准制定工作中，我国主持 26 项、参与 21 项。我国还与俄罗斯等 21 个“一带一路”沿线国家签署标准化互认合作协议，中国铁路在世界铁路的影响力不断提升，使世界对铁路发展、高铁发展有了新的认识，促进了基于中国标准、中国方案的国际铁路合作，为实现我国高水平对外开放，推动高质量共建“一带一路”发挥了积极作用。

△**“复兴号”动车组列车驶向郑州东站**（王玮 / 摄）

领跑世界　中国高铁将继续阔步前行

习近平总书记对我国高铁技术创新成就给予高度评价，从指出"'复兴号'奔驰在祖国广袤的大地上"，到强调"'复兴号'高速列车迈出从追赶到领跑的关键一步"，再到称赞"高铁已成为中国装备制造一张亮丽的名片"，为高铁发展提供了强大动力。2021 年 1 月 19 日，习近平总书记乘坐京张高铁在太子城站考察时强调，我国自主创新的一个成功范例就是高铁，从无到有，从引进、消化、吸收再创新到自主创新，现在已经领跑世界，要总结经验，继续努力，争取在"十四五"期间有更大发展。

"十四五"和今后一个时期，铁路部门将认真落实国家创新驱动发展战略和"交通强国"建设部署，强化国铁集团创新主体和领军企业作用，集中力量推动高铁关键技术自主攻关和产业化应用。全面打造世界领先、中国标准的智能高铁系统，推动运营高铁智能化升级，让更多旅客享受到更高品质的旅行生活；深入实施"CR450 科技创新工程"，通过研发更高速度、更加安全、更加环保、更加节能、更加智能的"复兴号"动车组新产品，不断巩固我国高铁技术领跑世界的地位。

根据《中华人民共和国国民经济和社会发展第十四个五年规划和 2035 年远景目标纲要》，到 2025 年，全国铁路营业里程将达到 17 万千米左右，其中高铁 5 万千米左右，届时，铁路基本覆盖城区 20 万以上人口城市，高铁覆盖 98% 城区 50 万以上人口城市，这张世界上最现代化的铁路网和最发达的高铁网将遍布祖国大地，通达更多城市和地区、抵达百姓身边；到 2035 年，全国铁路营业里程将达到 20 万千米左右，其中高铁 7 万千米左右，率先建成发达完善的现代化铁路网，形成相邻大中城市间 1 ~ 4 小时交通圈，城市群内 0.5 ~ 2 小时交通圈，为基本实现社会主义现代化提供强大运输保障。

展望未来，以“复兴号”为代表的中国高铁将更充分、更全面地为国民经济和社会发展赋能，跑出中国发展加速度，向党和人民交出一份优异的铁路答卷。

▽ **从北京开往天津的 C2001 次“复兴号”中国标准动车组驶入天津市区**（杨宝森 / 摄）

港珠澳大桥
缔造世界桥梁工程奇迹

2018 年 10 月 23 日，港珠澳大桥开通仪式在广东珠海举行，习近平总书记出席仪式并宣布大桥正式开通。他强调，这是一座圆梦桥、同心桥、自信桥、复兴桥！

港珠澳大桥是连接香港、珠海、澳门三地的大型跨海通道，全长 55 千米，集桥、岛、隧为一体，是世界上最长的跨海大桥。大桥将粤港澳三地纳入“一小时生活圈”，三地人民“你中有我，我中有你”，形成一家亲，成为一家人。

港珠澳大桥主体桥梁工程以其耐久环保、高品质、高质量、可持续等特点，荣获国际桥梁与结构工程协会（IABSE）评选的 2020 年度“杰出结构工程奖”。英国《卫报》盛赞港珠澳大桥为“新的世界七大奇迹”之一。

港珠澳大桥跨越伶仃洋海域，东接香港特别行政区，西接广东省珠海市和澳门特别行政区，是“一国两制”框架下、粤港澳三地首次合作建设的超大型跨海交通工程。2018 年 10 月 23 日，港珠澳大桥开通仪式在广东珠海举行，习近平总书记出席仪式并宣布大桥正式开通。10 月 24 日，港珠澳大桥公路及各口岸正式通车运营。

港珠澳大桥的建设

港珠澳大桥为世界最长跨海大桥，工程全长约 55 千米，包括 3 项内容：一是海中桥隧主体工程；二是香港、珠海、澳门三地口岸；三是香港、珠海、澳门三地连接线。其中，海中桥隧主体工程由三地政府共建共管，其范围起自珠澳口岸，终于粤港分界线，长约 29.6 千米，采用桥—岛—隧集群方案，包含约 6.7 千米沉管隧道和 22.9 千米跨海桥梁，为实现桥梁和隧道转换，隧道两端各设置一个海中人工岛。

珠江入海口区域地处亚热带海洋性季风气候区，常年高温、潮湿，外海作业受台风影响十分频繁；该海域基岩埋藏在海床面下 50 ~ 110 米，软弱地层深厚，为保证珠江水系防洪纳潮，海中结构物的阻水率必须控制在 10% 以内；珠江口海域是国内最繁忙的海上交通区段之一，最大航运日流量超过 4000 艘次；该海域还设有中华白海豚国家级自然保护区，环境敏感点众多，海洋水质和生物保护要求高。港珠澳大桥正是在这样一个颇具挑战性的环境下实施的超级工程。工程集桥梁、海底隧道、人工岛于一体，设计使用寿命达 120 年，技术标准高于同类工程，建设难度极大，必须依靠科技创新，把生态环保放在重要位置，实现关键技术、关键设备、装备的重大突破，以确保工程的顺利实施。

港珠澳大桥的建设目标是：建设世界级的跨海通道，成为地标性建筑，为用户提供优质服务。

为达到建设目标，针对项目特点，逐步形成了四个建设理念，以指导工程实践：

一是全寿命周期规划，需求引导设计：项目规划不仅考虑建设期需求，更要充分考虑运营管理、维护保养需求，保障整个工程在 120 年全寿命周期内结构功能满足使用要求且成本最低。

二是大型化、标准化、工厂化、装配化：大面积推行“工厂化生产、机械化装配”的建设思路，化水上施工为陆域加工制造，把工地变成工厂，把构件变为产品。充分保证大桥建设质量和耐久性。

三是立足自主创新，整合全球优势资源：充分利用港澳地区国际化平台，整合全球优势资源为工程服务，提高行业技术和装备水平。

四是绿色环保、可持续发展：平衡好质量安全、生态环保与工程建设、项目运营之间的关系，建成世界一流的桥隧工程和绿色高效的交通通道。

技术标准填补空白 岛隧工程领先世界

开工以来，大桥围绕建设理念，进行了一系列实践，取得了若干建设成果。

港珠澳大桥建设过程中的技术标准采用三地“就高不就低”原则，在每一个阶段都对技术标准安排了专项研究，吸取、归纳、综合了香港地区及相关国际标准的长处，逐步建立了完整的项目技术标准体系，涵盖设计、施工、运营等各方面，不仅较好地支撑了工程建设，而且系统地填补了我国外海交通建设技术标准的空白。

港珠澳大桥在岛隧工程方面也取得了领先世界的成果。

人工岛快速成岛

两个人工岛地处开敞海域，岛体全部位于约 30 米厚的软基之上，是迄今为止我国建设速度最快的离岸人工岛工程。共采用 120 组深插式钢圆筒形成两个人工岛围护止水结构，单个圆筒直径 22 米，高度 40 ～ 50 米，重约 500 吨。通过采用

△ 东人工岛全景

该创新技术，两个 10 万米 ^{2} 的人工岛在 215 天内即完成了岛体成岛，与传统抛石围堰工法相比，施工效率提高了近 5 倍，且海床开挖量大幅减少，对海洋的污染也降至最低。

隧道管节工厂化生产

港珠澳大桥海底隧道是我国首条在外海建设的超大型沉

△ 西人工岛最后一个钢圆筒打设

管隧道，海中沉管段长达 5664 米，由 33 节管节组成，标准管节长度 180 米，重约 8 万吨，最大作业水深 46 米。33 个巨型管节全部采用先进的“工厂法”生产，在距离隧道轴线约 7 海里的桂山牛头岛预制厂中完成预制，然后整体拖运到工程现场进行沉放。与传统的“干坞法”相比，“工厂法”可形成流水线生产模式，实现全年 365 天不间断流水生产，管节预制效率和质量大幅提升，代表了未来大型构件大规模生产的技术趋势。

△ 管节预制厂全景

隧道基础处理

隧道近 6 千米的沉管段全部位于软弱地基，地基不均匀沉降直接影响沉管结构安全及防水，是隧道安全建设运营的关键，必须突破常规的施工方式，采用更先进的理念及精细化的施工作业。为此，工程大规模采用了环保的挤密砂桩地基加固技术，使用量近 130 万米^3；采用了复合地基方案，协调地基刚度过渡，斜坡段采用挤密砂桩，中间段为天然地基加抛填块石夯平，管节与地基间铺设碎石垫层；依靠自主研发的大型装备，对基槽开挖、清淤、基床铺设等关键工序进行了高精度施工控制。从目前的监测数据看，基础沉降控制效果十分理想。

沉管浮运安装

一个标准管节重约 8 万吨，犹如一艘航空母舰，且浮运线路位于伶仃洋最繁忙的通航水域，操控难度极大。为此，工程联合海洋环境预报专业团队，开展了小区域水文气象窗口预报，为浮运沉放各阶段决策提供精确的风浪流条件参数，联合海事部门实施海上临时交通管制和护航，采用 11 艘大马力全回转拖轮协同作业，运输距离 12 千米。自主研发多项专用管节沉放控制和保障设施，包括管节压载系统、深水测控系统、拉合控制系统、管内精调系统、作业窗口管理系统、回淤监测

△ 管节浮运

及预警预报系统等，满足了 46 米水深下的对接精度要求。

独特的中国桥

桥梁工程包括青州航道桥、江海直达船航道桥、九洲航道桥 3 座通航孔桥，分别是中国结、海豚塔、风帆塔的景观设计，剩余约 20 千米非通航孔桥均采用钢结构主梁或组合梁，单墩设计，承台深埋的方案，颇具工业化观感，景观效果独特优美。

桥梁结构装配化施工

在我国桥梁施工技术及工业化水平逐步提升的背景下，港珠澳大桥桥梁结构采用了工厂标准化生产、大型装配化施工，将预制构件尺寸尽量做大，通过大型起吊设备现场安装，缩短

△ 墩台整体预制

△ 钢箱梁大节段吊装

现场安装作业时间，降低海上施工风险，缩短工期，保证质量。

承台墩身采用整体预制、吊装，深水区非通航孔桥 127 个承台墩身（最大吊重约 3200 吨），浅水区非通航孔桥 63 个承台墩身（最大吊重约 2400 吨）全部采用混凝土预制，由大型浮吊运输至施工现场进行安装。为减少对河势、航道、水利等的不利影响，非通航孔桥 190 个承台全部埋入深 8 ~ 15 米的海床面以下，这在国内外桥梁建设中尚属首次，并通过采用新型胶囊 Gina 止水带以及钢圆筒围堰干法施工等创新工法，成功解决了因采用埋置式承台而带来的止水和环保难题。

箱梁采用大节段整孔逐跨吊装，钢箱梁共 128 跨，标准节段长 110 米，吊装重量最大 3600 吨。组合梁分幅设置，共 148 片，标准节段长 85 米，单片梁吊装重量约 2000 吨。

江海直达船航道桥“海豚型”钢塔高约 110 米，重约 3100 吨（含吊具），采用大型浮吊一次吊装到位。

桥梁钢结构自动化制造

△ 钢箱梁工厂制造

桥梁钢结构制造规模达 42.5 万吨，如此规模在国内尚属首次。为保证制造质量、降低传统工艺的人为影响，港珠澳大桥钢箱梁板单元制造全面采用了自动化、智能化的先进制造工艺和装备，建成了全新的自动化生产线。钢结构所有板单元实现自动化制造，相比传统工艺生产效率提高了 30% 以上，且质量大幅提升，促进了桥梁产业升级。

港珠澳大桥建成后，将形成一条粤港澳三地人民期盼多年的连接珠江两岸的公路运输通道，对完善国家和区域高速公路网络布局、密切珠江西岸地区与香港地区的经济社会联系、促进珠江两岸经济社会的协调发展发挥重大作用。跨越伶仃洋的蓝图正逐步变为现实，未来的路还很长，也并不轻松，全体建设者必须保持“如临深渊、如履薄冰”的风险意识，扎扎实实解决工程实际问题，真正把大桥建设成百年工程！

750S
61t
807

洋山港挑战吞吐量极限
以“智”取胜

2021 年，上海港集装箱吞吐量达 4703.3 万标箱，连续 12 年蝉联集装箱吞吐量世界第一，其中洋山港贡献了 2281.3 万标箱；上海港的国际航线逾 300 条，其中从洋山港出发的有 80 多条，且以远洋航线为主。

洋山港是我国首个实现“5G+ 智能驾驶”的港口，也是全球单体最大、自动化程度最高的集装箱自动化港口。在这里，没有装卸工人，没有司机，甚至没有卡车，却保持着每周 7 天、每天 24 小时不间断、精准的货物装卸操作。洋山港一次次刷新吞吐量极限值的成绩背后，是它智慧“大脑”里的“中国芯”。

2017 年 12 月 10 日，上海洋山港四期自动化码头开港试运营。这是继厦门远海自动化码头、青岛港集装箱全自动化码头之后，中国第三个集装箱自动化码头，也是全球单体最大、自动化程度最高的集装箱自动化码头。它的建成和投产标志着中国港口行业在运营模式和技术应用上实现了跨越升级与重大变革，为上海港进一步巩固港口货物吞吐能力世界第一地位、加速跻身世界航运中心前列，提供了全新动力。

从一期到四期　四分之一甲子的轮回

1992 年 10 月，党的十四大做出了“以上海浦东开发开放为龙头，进一步开放长江沿岸城市，加快把上海建成国际经济、金融、贸易中心之一，带动长江三角洲和整个长江流域地区经济的新飞跃”的重大战略决策。洋山港的建设应运而生，成为我国港口建设的旗舰工程。

春夏秋冬，四季轮回。从 2002 年到 2017 年，四分之一甲子的光阴，弹指一挥间，洋山港区在不断发展壮大中，交出了一份无比厚重的答卷。

2002 年，上海洋山港区一期工程开工建设。2005 年 12 月，一期码头建成投产，洋山港正式开港。二期工程于 2005 年开工建设，2006 年年底建成投产。三期工程于 2006 年开工建设，2007 年 12 月和 2008 年 12 月分期建成投产。洋山港一期到三期工程累计建成 5.6 千米深水集装箱码头岸线、16 个 7 万～15 万吨级深水集装箱泊位，年吞吐量超过 1500 万标准箱。上海洋山港工程先后获国家优质工程奖、中国土木工程“詹天佑奖”、中国建设工程“鲁班奖”等诸多奖项。

四期工程为洋山港区的收尾工程，由上港集团和上海振华重工联合打造，于 2017 年 12 月 10 日开港试运营。四期工程

△ **洋山港——天空之镜**（张墨 / 摄）

△ **洋山港四期码头**（李学民／摄）

总占地面积 223 万米^2，岸线长达 2350 米，拥有 2 个 7 万吨级泊位，5 个 5 万吨级泊位，设计年吞吐能力初期 400 万标准箱，远期达到 630 万标准箱。

上港集团和上海振华重工以高度发展的现代机械、信息科技为基础，以“高可靠、高效率、世界先进水平”为目标，将洋山深水港区四期工程联合打造为世界一流的、高效、节能、安全、绿色的全自动化集装箱港区，实现了从人工到全自动的历史飞跃。

从人工到自动　挑战港口科技巅峰

从 20 世纪 80 年代中期开始，自动化技术的进步使得欧洲和日本的港口率先规划尝试建设自动化集装箱码头。

就全球范围来看，世界上第一个自动化集装箱码头于 1993 年在荷兰鹿特丹港的 ECT 码头投入运行，接着是英国伦敦港、日本川崎港、新加坡港、德国汉堡港等相继建成全自动

△ **洋山港四期自动化码头**（李学民／摄）

化或半自动化（仅堆场自动化）的集装箱码头。

我国的自动化集装箱码头建设发展目前处于起步阶段，2014 年，厦门远海码头对 14 号泊位及 15 号部分泊位进行改造，建成国内第一个全自动化集装箱码头。2015 年，上海港、青岛港先后宣布开始规划建设自动化集装箱码头，引领着国内集装箱码头发展的新潮流。

洋山港四期自动化码头采用无人运营作业，是全球单体规模最大、综合自动化程度最高的集装箱码头，被称为“魔鬼码头”。这一切都离不开上海振华重工为洋山港四期开港提供的

△**“魔鬼码头”洋山港**（李学民 / 摄）

全自动化设备。

在洋山港四期工程中，上海振华重工承担了全自动化码头的设计研发制造和安装调试任务，提供了50台自动导引运输车（AGV）、10台自动化岸桥、40台自动化轨道吊，其中双箱自动化轨道吊更是首次投入全球市场，可提升50%的工作效率。这是洋山港能够成为世界最大、最先进自动化码头的根本原因。

其中，最引人注目的莫过于“搬运工”AGV。作为船舶装卸作业的重要运输载体，它们既可以深入悬臂箱区作业，又可以在堆场中来回穿梭，既可以在一周内不间断作业，又可以有效降低码头能耗。

工作人员风趣地将AGV比作“快递小哥”。对于快递员来说，最重要的就是在保证安全的前提下，在最短的时间内将包裹送到目的地。为了有效提升码头运营效率，合理规划运输路径，工作人员为AGV配备了智能控制系统。该系统可以实时考虑交通状况，提供最优路线，并在后续运行中实时更新数据。

而机器不会随机应变，当发生交通阻塞时，机器会进入“死锁”状态，多台AGV会面面相觑，谁也不愿意挪开。为了解决这一问题，工作人员为车队建立了简单易行的交通规则，比如先到先行，如果当前路径没有其他车辆，小车可以“闯红灯”。为了避免小车“死锁”，他们还为小车安上了“眼睛”，使小车具备了辨别、探测障碍物的能力，当超过安全距离时，小车便会自动报警并急停。小巧的车身、灵敏的感应装置，保证了设备在极恶劣的天气也能准确接收运行指令，使设备摆脱了轨道与光缆的束缚，彻底解放了集装箱运行路线。

AGV 实现自动导航和行驶的关键在于洋山港四期码头特殊的场地设计。码头广场上每隔 2 米就有一颗嵌入地面的磁钉。这些磁钉就像手机芯片一样，当车辆靠近时，磁场会激发 AVG 车头、车尾安有的接收装置产生信号，并通过“棋盘坐标”精确锁定小车位置。

△ **洋山港自动化码头在作业**（李学民 / 摄）

采用自动化集装箱码头方案，使洋山港在装卸效率、可靠性、智能化、绿色环保及生产安全性等方面取得跨越式提升，主要装卸环节实现电力驱动，消除了尾气排放，降低了环境噪声。人机分离极大限度地提高了作业的安全性。装卸行程的优化以及能量反馈技术进一步降低了能耗。智能化系统的引入大大降低了作业人员的劳动强度。自动化集装箱堆场“高密度”的堆垛方式，大幅提升堆场通过能力，有效克服了工程陆域纵深狭窄、堆场容量不足的短板。

运营后的洋山港四期工程，呈现的是这样一幅画面——巨大的集装箱被轻轻抓起又放下，无人驾驶的电动车辆来回运送。远程控制室里的工作人员只要轻点鼠标，就能实现对码头装卸作业的操控。

从无到有　为码头安上“中国芯”

究竟是谁在指挥全自动化码头呢？答案是上海振华重工与上港集团通力合作自主研制的 TOS 系统（码头操作系统）和 ECS 系统（设备控制系统），两者组成了洋山港四期全自动化码头的“大脑”与“神经”。

TOS 系统具备自动配载、智能调度、自动堆场管理及自动道口、业务处理等功能。它是自动化码头会思考、能决策的

“大脑”，控制着码头上所有的自动化设备，让作业全过程智能调度、无缝衔接。TOS 系统让国内自动化码头第一次用上“中国芯”。

ECS 系统用以实现自动化码头装卸设备的调度控制及设备间的协调工作。ECS 相当于自动化码头里面的神经网络系统，主要根据 TOS 的规划和指令来完成对装卸设备的作业控制、流程优化、安全保护、监控管理和智能调度，取代了传统码头的司机及相关设备终端，智能化地指挥设备安全、自动、高效地把集装箱搬运到任务目的位置。

△ **振华重工制造的全球最大集装箱自动化码头设备源源不断运抵洋山港四期码头**（李学民 / 摄）

两套系统如何完美接入是摆在工作人员面前最大的难题。为了按时完成计划，上海振华重工组成的青年突击队于 2016 年 3 月组织了封闭式开发，搭建了仿真测试环境，在设备到岸之前集中力量进行仿真测试，在虚拟环境中进行系统联调。

2016 年 6 月，设备陆续到岸，为了尽快开展系统联调，工作人员又夜以继日加紧现场单机和系统测试，于 2016 年 8 月底按时完成既定任务，为系统联调争取了时间。在各方的共同努力下，2016 年年底实现 3 台岸桥、15 台 AGV 和 6 个箱区的系统联调，并通过实船测试进行了验证。

TOS 系统和 ECS 系统的应用，减少了码头的人力成本和生产过程中的人为干扰因素，特别是保证了人身安全事故不再发生，并改善了码头操作人员的工作环境，大大提高了码头的作业效率。

光阴荏苒，时光飞逝。自动化码头系统从无到有，取得了非凡的成绩。洋山港是中国港口建设走向深海的标志，也预示着中国港口规划建设能力已基本实现全球无禁区。上海洋山港作为中国港口建设的旗舰工程，尤其是四期全自动化码头，体现了中国港口建设体系的强力支撑。

求精

习近平总书记多次强调制造业在经济发展中的关键作用:“制造业是国家经济命脉所系。”“制造业高质量发展是我国经济高质量发展的重中之重。”“先进制造业是实体经济的一个关键，经济发展任何时候都不能脱实向虚。”

《中华人民共和国国民经济和社会发展第十四个五年规划和 2035 年远景目标纲要》提出深入实施制造强国战略，坚持自主可控、安全高效，推进产业基础高级化、产业链现代化，保持制造业比重基本稳定，增强制造业竞争优势，推动制造业高质量发展。

党的十八大以来，我国着力做强做优做大制造业，制造业综合实力和国际影响力大幅提升。10 年间，我国工业增加值年均增长 6.3%，在 2021 年达到 37.3 万亿元，制造业增加值达到 31.4 万亿元，占全球比重约 30%。我国拥有 41 个工业大类、207 个工业中类、666 个工业小类，产业体系完整的优势得到进一步巩固。在 500 种主要工业产品中，我国有 40% 以上产品的产量位居世界第一。

我国着力提高供给体系质量，产业结构进一步优化。新兴产业加

速发展，新能源汽车产销量连续 7 年位居世界首位，新材料产业产值实现翻番，传统产业数字化、绿色化转型全面推进。部分领域智能制造处于国际先进水平，2021 年，高技术制造业和装备制造业占规模以上工业增加值比重分别为 15.1%、32.4%。

中国工程院、国家制造强国建设战略咨询委员会发布的《2021 中国制造强国发展指数报告》显示，“十三五”期间，中国制造强国发展指数由 105.78 增长到 116.02。我国聚焦动力电池、增材制造、信息光电子、集成电路、高性能医疗器械等重点建设领域，组建了 17 个国家制造业创新中心，初步形成了以国家制造业创新中心为核心、100 余个省级制造业创新中心为补充的制造业创新网络。

制造业价值链长、关联性强、带动力大，决定了一个国家的综合实力和国际竞争力。蛟龙下海，盾构入地，高铁追风，嫦娥探月……从深海到深空，从宏大到精微，一大批具里程碑意义的重大创新成果，都离不开大国制造的坚实基础和创新驱动的强劲引擎。制造强国，正以坚实的脚步，向高质量发展的崭新时代迈进！

装备制造业挺起制造强国的脊梁

2017 年 12 月 12 日，党的十九大闭幕后，习近平总书记首次考察调研就来到徐工集团重型机械有限公司。他在考察时指出："装备制造业是制造业的脊梁，要加大投入、加强研发、加快发展，努力占领世界制高点、掌控技术话语权，使我国成为现代装备制造业大国。"

2022 年 6 月 4 日，徐工集团蝉联全球工程机械行业前三强，连续三年入围"世界品牌 500 强"企业。如今，移动式起重机、水平定向钻市场占有率稳居全球第一，塔式起重机市场占有率跃升至全球第二，道路机械、随车起重机市场占有率进位至全球第三，成套桩工机械、混凝土机械市场占有率稳居全球第一阵营，这是中国装备制造业向祖国交出的一份闪光答卷。

XDE110
徐工重卡

2022年早春的齐鲁大地上，一场挑战全球极限高度的风电吊装工程正在紧张有序地进行：一台机舱重达118吨的4.5兆瓦风电机组，在徐工集团XGC15000A起重机钢铁“臂膀”的托举下稳稳落位。这台风电机组叶轮直径156米，吊装就位高度达到创纪录的170米。这次胜利吊装，使XGC15000A成为全球第一台实现这一安装高度的风电施工起重机。它昂首傲立、直指蓝天，举重若轻、圜转有致，在距离地面近200米的空中，完成了一场力与美的极致呈现。

在挑战极限高度风电吊装之前，徐工起重机已经完成了数次高难度吊装任务，积累了宝贵的成功经验。其中最为人们所津津乐道的，就是吊火箭。

运载火箭是由多级火箭组成的航天运输工具，内含大量燃料，内部结构复杂，成本造价极高。在吊装和运输过程中稍有闪失，就可能导致火箭内部结构受损、航天任务功亏一篑。因此，将火箭平稳地立在发射架上，是航天任务中非常关键的一环。徐工起重机以其卓越的安全保障性和微动性，在数次火箭吊装任务中发挥了至关重要的作用，成为中国航天“高光时刻”的参与者和见证者。

作为中国装备制造业的典型代表，徐工集团（以下简称

▽ 徐工全地面起重机 XCA220 和 XCA130L7 合作完成“谷神星”运载火箭吊装任务

徐工）的历史可追溯到 79 年前的八路军鲁南第八兵工厂。从做土手雷到生产出我国第一台汽车起重机，再到制造出“世界第一吊”4000 吨履带式起重机，从白手起家到营业收入在全球工程机械行业中稳居第三位，在世界产业格局中牢牢占据“领头羊”地位，徐工这个从诞生之初就流淌着红色血液的民族企业，用征服工程机械行业“娄山关”“腊子口”的决心和勇气，屡克难关，闯出中国装备制造业从“跟跑”“并跑”到“领跑”的蝶变之路。

匠心正道铸就“根”与“魂”

徐工的前身是八路军鲁南第八兵工厂，这里是新中国第一台汽车起重机、第一台蒸汽压路机的诞生地。作为排头兵企业，徐工创造了中国工程机械业界公认的“六最”：历史最悠久、规模最大、主机产品线和关键零部件最齐全、创新能力最强、出口总量最大、国际化程度最高。

作为中国工程机械产业的奠基者、开拓者以及领导者的徐工，始终坚守“匠心正道”，历经近 80 载仍然不忘初心，永远传承着红色基因，不断强化着国企党的领导，矢志不渝地坚守着实业，始终认为铸造“国之重器”责无旁贷、义不容辞。

徐工坚守匠心正道，在新中国成立后艰苦创业时如此，在

△ 1943 年，徐工前身——华兴铁工厂（后改编为鲁南第八兵工厂）在抗日烽火中诞生

△ 1957 年，徐工成功试制中国第一台塔机，正式进军工程机械产业

△ 1960 年，徐工成功研发中国首台 10 吨蒸汽压路机

△ 1963 年，徐工研发
中国第一台汽车起
机诞生

△ 1975 年，徐工成功试制 16 吨全液压汽车起重机专用底盘，填补了我国中大吨位起重机专用底盘的空白

△ 1975 年，徐工第一台 ZL40 装载机试制成功
奠定了我国装载机行业的基础

△ 2013 年 7 月，徐工“世界第一吊”XGC88000 首吊成功

△ 2019 年 10 月，徐工 XGC88000 在沙特完成首秀，圆满打响征战海外、逐鹿全球第一枪

△ 2021 年 5 月，两台徐工千吨级履带起重机在越南大显身手

△ 2022 年 6 月，全球最大塔式起重机 XGT15000-600S 在徐工下线

△ 2022 年 7 月 26 日，全球最大旋挖钻机 XR1600E 在徐工基础智能制造新基地下线

改革开放大潮中勇闯新路时如此，在新时代砥砺奋进时亦如此。在低谷时能够不轻言放弃，苦修内功，在顺境时能够勇于开拓，锐意进取。

正是因为坚守着“根”和“魂”，与国家建设发展同步前行、同频共振，徐工才能够不断更新迭代、凤凰涅槃，才能够逐渐成长为“航空母舰”级企业，真正担当起振兴中国工程机械产业的大任。

改革创新闯出发展路

徐工是改革的产物，又在改革中不断成长。1989 年，徐工率先开展集团化探索，作为全国集团化改革样板组建成立。也正是从这时起，徐工开启了改革的大门，之后的道路虽然也曾面临艰辛曲折，但这扇大门始终坚定敞开，迎来累累硕果。

集团成立之初，资产不良和人心不齐是法人实体母公司时任领导班子面临的最大难题。当时集团报表上的资产负债率超过 90%，且优质资产不多，有的单位拖欠职工工资几个月甚至超过一年，以至于当时徐州市政府也在多次研究徐工集团核心企业徐工重型的破产事宜；与此同时，多年积习的老国企弊病，如人浮于事、管理混乱、经营无序等情况严重。

鉴于此，在徐工集团成立后不久，国家通过江苏省政府把集团下属企业的国有资产进行了授权经营。其后不久，徐州市委也把组织人事权全部下放给徐工集团。至此，在徐工集团的企业经营中，法人实体母公司、授权经营、干部任免权实现统一。三者结合，为企业后来将人力、产品、资产和市场资源进行充分有效的整合打下了坚实基础，也形成了徐工集团与众不同的竞争优势。

更为大刀阔斧的改革，始于 1999 年。1999 年 2 月，徐工集团党委发布《关于发扬艰苦奋斗、勤俭节约、密切联系群众的优良作风，加强干部队伍建设的意见》，其中特别提出要集中抓好“七项专项治理”。与“七项专项治理”配套，集团深入推进用工、人事和工资三项制度改革，进一步建立了充满活力、适应市场竞争的内部机制。

正如徐工集团工程机械股份有限公司党委书记、董事长王民所说：“直到今天，我们一直注重抓从严治党、从严治企，作风正，人心齐，企业才能企稳。”着眼于人的改革为徐工带来一股清新的风，振奋了士气，成为企业新一轮全面改革的坚实基础和重要推动力。

步入改革发展期的徐工，极富前瞻性地推行高技术含量、高附加值、高可靠性、大吨位“三高一大”产品战略，现在已经成为徐工王牌产品之一的起重机，就是在这一时期向当年被外资品牌垄断的汽车起重机、向被德美日少数企业垄断的全地面起重机核心技术、向千吨级超级起重机的攻关发起冲刺的。

△ 2000 年，中国首次自主研发 K 系列汽车起重机产品，开启了我国起重机系列化自主研发的新篇章

△ 2002 年，徐工成功研发中国第一台拥有自主知识产权的 25 吨全地面起重机，拉开了中国全地面起重机自主发展的序幕

△ 2010 年，徐工成功研发 800 吨、1000 吨、1200 吨千吨级全地面起重机，中国成为继德国和美国之后，第三个有能力研发制造千吨级全地面起重机的国家

2003 年，徐工率先成为中国工程机械行业首家营业收入、销售收入双超百亿元的集团。

2011 年，徐工开启名为“汉风计划”的新的改革行动。“汉风计划”意即振举大汉雄风，全面提升徐工在全国、全球行业的竞争位置，核心是事业部制改革，实施“大船变舰队”的全新发展模式。

徐工的事业部制改革颇有成效。起重机械事业部“一大带动众小”，将履带吊、塔吊市场规模做到了国内第一和前三。挖掘机械事业部负责的产品，其国内市场份额与外资品牌旗鼓

△ 2012 年，当时世界最大吨位全地面起重机 XCA5000 亮相上海宝马展

相当，成为国内行业前两强；徐工土石方机械市场规模跻身国内行业第一。此外，徐工还通过四大平台（金融平台、二手车交易平台、工程承接平台和专业人力资源平台）重构、大手笔跨国并购和实施海外工厂及研发布局，拓展了国际化发展格局。这些成为徐工 2012 年营业收入跨上 1000 亿元台阶、海外收入突破 23 亿美元的关键支撑。在这一时期，徐工成为中国工程机械行业唯一千亿级企业。

卧薪尝胆度过寒冬期

自 2011 年下半年起，国内工程机械行业进入“五年锐降期”，这期间的 2014 年、2015 年，行业更是面临断崖式锐降，2015 年最低点时市场容量萎缩到仅有 2011 年高点时的 28%，行业上千家企业被压缩到了不足原市场 1/3 的狭小空间内，大多数企业都在收缩调整，行业的发展举步维艰。

身处行业寒冬，一些企业撑不下去了，脱离工程机械主业，进入当时炙手可热的房地产行业。而徐工却始终坚定不移地扎根于主业，不等不靠，将命运牢牢把握在自己手中。正如徐工集团工程机械股份有限公司董事长王民所说：“我们不过更加专注一些，坚守工程机械主业，坚守改革和创新的大方向，不被其他利益所诱惑，这样才能历经风雨的洗礼仍不断向前。”

行业“五年锐降期”是徐工在不断调整转型中走向“有质量、有效益、有规模、可持续”的蜕变过程，也是徐工在坚守创新中以“三去一降一补”力推供给侧结构改革、迈向“三高一可”高质量发展模式的淬炼过程。在最艰难的 2015 年，徐工班子带头降薪 22% 以上，中层干部自主降薪 8%。然而徐工这五年研发费占主营收入比重却不降反升，甚至比之前“十年黄金期”研发费在主营收入中的占比还高。

在工程机械行业低谷期，徐工调整结构，苦练内功，形成了“一二三三四四”战略指导思想体系，提出了“技术领先、用不毁，做成工艺品”的产品理念，五载卧薪尝胆，不但守住了主业，而且厚积薄发、逆风飞扬，在 2017 年迎来关键转折点，实现高质量、高速度增长。

“一二三三四四”战略

牢牢抓住转型升级一条主线；

国际化和技术创新两大战略重点；

“三个更加注重”即更加注重经济增长的质量和效益，更加注重体系运行的效率和务实，更加注重产品技术的先进性和可靠性；

“三个全面”即全面对标行业最先进企业和产品，全面推出新思维、新招数和新业态，全面提升企业资产质量、赢利能力和核心竞争力；

国际化、精益化、补短板、可持续“四大经营理念”；

高质量、高效率、高效益、可持续“三高一可”发展理念。

创新驱动跃向更高峰

2017年12月，习近平总书记在考察徐工时特别指出："装备制造业是制造业的脊梁，要加大投入、加强研发、加快发展，努力占领世界制高点、掌控技术话语权，使我国成为现代装备制造业大国。"

制造业是国民经济的基础，中国要成为制造强国，最关键的是要在领先技术上进行创新突破。被人"卡脖子"的滋味是不好受的，只有破解掉"空心化"、智能化这两大世界级课题，中国工程机械才能真正站上"世界之巅"。

对于创新，徐工的自我要求是：时刻牢记打造世界级强大民族品牌的使命担当，始终做中国工程机械自主创新、集成创新的开拓者和领先者。

中国的工程机械市场已进入一个关键转折阶段，从产品规模的初级竞争走向品牌和品质在世界范围内的高级竞争。真正的强者不是简单地以规模取胜，而是以技术、质量和大吨位产品取胜，这是徐工多年坚持"珠峰登顶"的内涵所在。

从引进、消化到自主创新，徐工一步一个清晰的脚印。

2018年4月2日，我国自主研制的最大吨位、有着"神州第一挖"之称的700吨液压挖掘机在徐工成功下线，一举打破了外资品牌在大型成套矿业机械领域长期垄断的格局。这一超大型液压挖掘机的设计研发，集科技化、智能化、人性化于一体，拥有多项自主知识产权，实现了关键核心技术的集中应用突破，标志着中国成为世界上继德国、日本、美国后，第四个具备 700 吨级以上液压挖掘机研发制造能力的国家。

△“神州第一挖”700 吨液压挖掘机

同年5月，亚洲自动化程度最高、行程最长的冷拔机在徐工液压件公司新厂区建成，新建的冷拔线，最大冷拔长度可达18米，不仅可满足徐工所有大吨位起重机油缸的制造需求，还可对500吨级以上挖掘机薄壁油缸实现自制，为徐工核心零部件牢牢掌握市场主动权提供坚强支撑。

“啃下工程机械领域最后10%技术难题”，是徐工的信念与坚持。徐工在核心技术创新上拥有有效授权专利7200余件、发明专利1700余件，PCT国际专利75件获国外授权。2018年，徐工主持制定的首个国际标准成功发布，真正登上了国际标准制定的舞台。

如今，徐工两大拳头产品起重机、土石方机械主营收入双双过百亿，其中一批重大创新产品核心技术攻关已走在世界前沿。4000吨履带式起重机、2000吨级全地面起重机、700吨液压挖掘机、39吨压路机、550马力[①]矿用平地机、12吨级装载机、XR550D旋挖钻机等填补了100多项国内空白，全面替代进口。“卡脖子”核心零部件360吨挖掘机液压油缸不仅是徐工主机的关键零部件，还替代日本企业批量装备澳大利亚力拓公司，以工作时长超过10000小时跻身这一领域世界顶尖产品行列，受到客户的高度赞扬。徐工加快突破的高端液压阀、新型电控变速箱，打破跨国公司垄断实现自主可控。

① 1马力约等于0.74千瓦。为便于理解，本书使用行业通用单位。下同。

徐工全面落地智能制造战略规划，从 7 家试点企业着手打造智能工厂和智能化徐工，成功打造了国内首个工业互联网大数据平台“徐工工业云”；在智能制造、两化融合、服务型制造、工业互联网应用、双创平台建设领域被国家评为示范试点企业；徐工信息技术公司成长为国家工业互联网领域前三强，在新三板挂牌上市，成为国内首家挂牌的工业互联网平台公司。徐工，精准地走出一条适合自己及产业发展的智能制造新道路。

△ **2021 年 8 月，江苏省苏州市，徐工成套化的无人集群装备首次出现在全国最高等级路面的养护施工现场**

△ 2018 年，徐工建成全球首条起重机转台智能焊接生产线

▽ 2021 年 11 月，在全球最大的 5G 起重机智慧园区内，“全球首创超级起重机五车联吊”震撼亮相

放眼全球拓展大格局

徐工有两大支撑战略，一是技术创新，二是国际化。在徐工“国际化、精益化、补短板、可持续”的四大经营理念中，国际化排在第一位。

过去很长一段时间，中国工程机械产品很难打进高端市场，但随着全球经济放缓，以及中国制造科技含量的不断提高，国际客户纷纷向中国工程机械抛出了橄榄枝。澳大利亚必和必拓与徐工的合作，就是个典型案例。2017 年 5 月签订 GR3505 矿用平地机合作协议以后，徐工对平地机改进次数达

▽ 中国出口最大吨级全地面起重机 QAY650

△ 徐工 260 台起重机出口俄罗斯

1000 次以上，前后整改产品方案 30 多项、技术改进 70 余项，对重载灯具、驾驶室增压系统等进行特殊配置设计，并对全周期可靠性、整机及零部件生命周期等做了优化设计，全力提升设备生命周期的可用率。徐工还成立专项工作组多次实地考察测绘，实施定制化设计和生产。2018 年年初，徐工首批大型矿用设备成功发抵澳大利亚，并开始作业，现场作业表现赢得了客户高度赞誉。

徐工在德国、巴西、美国、印度、奥地利等拥有全球 15 个大型制造基地和散件组装工厂（KD 工厂），外籍职工 3500 多名，产品出口 187 个国家，海外收入占比 35%。徐工积极开展跨国并购，目前已经并购了 3 家欧洲企业，在欧洲年营业规模超过 6 亿欧元。其中德国施维英公司是欧美发达市场混凝土机械的第一品牌，这个被徐工并购时濒临破产的德国老牌企业连续两年实现全面赢利，2017 年利润同比增长达 88%。

2017 年，徐工在非洲、南美洲、亚洲等海外市场实现出口营业收入翻番。徐工在“一带一路”沿线主要国家市场达到了世界行业前三的领先地位，向西亚、北非和中亚等的出口稳居行业第一位，总投资 3 亿美元建设的巴西工厂，使徐工跻身当地三大工程机械主流品牌之一，在乌兹别克斯坦建立的合资工厂使该国重大工程施工中几乎全部采用徐工装备。在“一带一路”沿线国家，徐工实际投资超过 30 亿元人民币，产品覆盖沿线 62 个国家（占比 97%），销售额占比达 73%，在其中 35 国实现出口占有率第一，在哈萨克斯坦、乌兹别克斯坦，徐工品牌占有率超过 60%。

△ 徐工 230 台起重机械驶向“一带一路”沿线国家

绿色发展绘就新蓝图

习近平总书记指出：“推动形成绿色发展方式和生活方式，是发展观的一场深刻革命。”“减排不是减生产力，也不是不排放，而是要走生态优先、绿色低碳发展道路，在经济发展中促进绿色转型、在绿色转型中实现更大发展。”

作为基础建设的核心力量、实体经济的制造根基，工程机械产业是推动绿色发展，实现“碳达峰、碳中和”的关键领域。徐工率先发布行业首个《碳达峰碳中和行动规划纲要》，积极践行绿色发展理念，主动扛起建设生态文明的责任与担当，以绿色、低碳、可持续发展引领行业高质量发展。

绿色低碳，科技先行。于 2021 年获评中国专利金奖的风电臂翻转方法及起重机专利，正是徐工践行绿色发展的集中体现。这项专利实现风电建设运输、时间成本降低 25% 以上，仅 2020 年就创造经济效益 49 亿元。

一批“五独领先”技术为产品运用深度赋能。自 2016 年 G 一代起重机上市以来，徐工先后推出多款拥有轻量化技术、新型节能液压系统等新型技术的产品，应用结构轻量化设计等技术，材料性能利用更合理更充分，整机性能提升 5% ~ 15%。

通过应用徐工专有新型节能液压系统，融合发动机智能控制技术，徐工实现节油 15% 以上。配合行业首创、全球最前沿的起重机能量回收技术，实现行驶制动、起升变幅系统能量回收与利用，综合工况平均油耗降低 15%；突破传统的起重机智能臂架技术节省作业时间 20% 以上。

推动绿色发展，提高企业能源利用效率是重中之重。通过两化融合管理体系建设，徐工起重机生产效率提高 50.8%，运营成本降低 23.8%，产品研制周期缩短 36.7%。仅以涂装工序为例，通过建设智能化零部件涂装线，涂料利用率由 51% 提升至 65% 以上，达到行业先进水平。

徐工投入 3500 万元安装 VOCs 废气处理设备，处理率达 96% 以上。同时，在厂区建设 8.5 兆瓦分布式光伏电站项目，光伏发电量占总用电量的 11.8%。

△ VOCs 废气处理设备

△ 厂区厂房上的光伏电池

△ 全球首款新能源混动起重机 XCT25EV

在起重机再制造领域，徐工于 2015 年就已通过国家再制造试点工作验收，被列入国家《再制造产品目录》，持续开展绿色工艺、绿色精益制造、绿色研发、绿色再制造等项目 54 个，在研发、制造、营销、管理等领域探索绿色可持续发展，并开展组织架构变革，成立后市场保障中心，加大资源投入与整体规划，推进备件、再制造、二手车后市场等业务一体化运营。

《2030 年前碳达峰行动方案》要求“新型电力系统加快构建”，风电作为可再生清洁能源的重要组成部分，成为实现碳达峰的主力军。

助力清洁能源发展，徐工“擎风二号”XCA1600 面世 2 年多的时间里售出超 60 台，累计吊装风机近 5000 台，产生清洁电力近 150 亿千瓦时，基本满足 1500 多万个家庭一年用电量。

代表中国超级起重机技术创新成果的 XCA1800、XCC2000 奔赴风电场，将再次刷新全球风电安装新高度，为中国新能源

建设的伟大蓝图擎起坚实臂膀，为全球可持续发展贡献中国力量。

装备制造业是国之重器、兴国脊梁。振兴实体经济，实现中华民族伟大复兴的中国梦，需要造就更多更强能够掌控技术话语权、占领世界行业制高点的创新型领军企业。徐工从战火纷飞的峥嵘岁月中走来，从白手起家到成为世界工程机械行业的“领头羊”，始终坚守“担大任、行大道、成大器”的价值追求，越是困难，越是迸发出万众一心、团结奋斗的强大力量，转危为机，逆势突破，在艰难险阻中历炼成钢。新时代新征程，徐工上下大力弘扬“登顶精神”：一根筋坚守、一种激情创造、一份清醒奋斗，对党忠诚、为国争光，登顶全球工程机械产业珠峰！这样一种精神文化特质，哺育了一代代大国工匠，铸就了大国重器制造文化和中国工业的核心灵魂，也必将真正挺起中国作为世界工业制造强国的脊梁。

△ 全球最大吨位全地面起重机 XCA1800 助力风电建设

先进材料助推制造升级

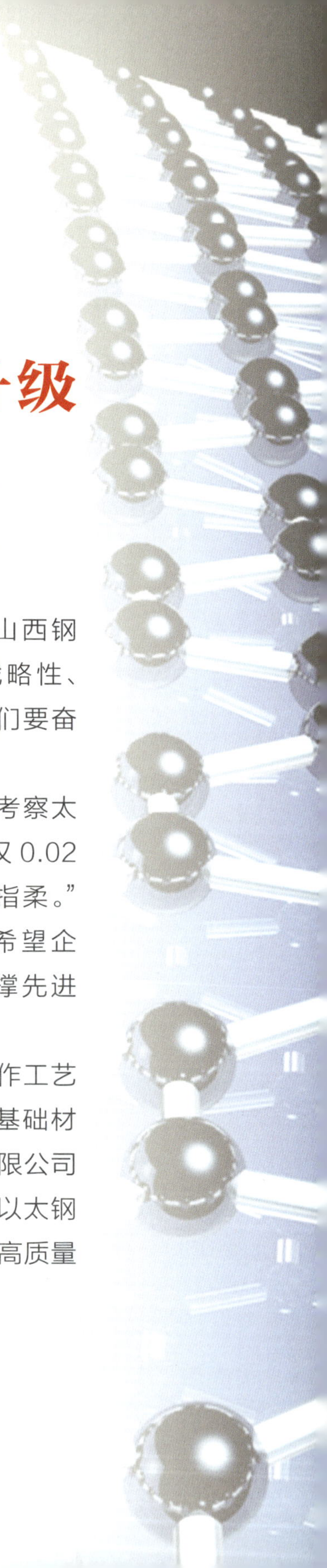

2017 年 6 月 22 日，习近平总书记考察山西钢科碳材料有限公司时指出：“新材料产业是战略性、基础性产业，也是高技术竞争的关键领域，我们要奋起直追、迎头赶上。”

时隔三年，2020 年 5 月 12 日，总书记在考察太钢不锈钢精密带钢有限公司时，拿起一片厚度仅 0.02 毫米的“手撕钢”，称赞说：“百炼钢做成了绕指柔。”他强调，产品和技术是企业安身立命之本。希望企业在科技创新上再接再厉、勇攀高峰，在支撑先进制造业发展方面迈出新的更大步伐。

“手撕钢”的问世，将我国不锈钢箔材的制作工艺提高到世界领先水平，为中国制造提供了高端基础材料。依靠这一拳头产品，太钢不锈钢精密带钢有限公司取得快速发展，2021 年利润创建厂以来新高。以太钢集团为代表，中国传统产业实现深刻转型，迈向高质量发展之路。

比打印纸还要薄，用手就能轻松撕开的“手撕钢”，曾经是国外少数企业的垄断产品。2018 年，由中国宝武太钢集团生产的厚度为 0.02 毫米的不锈钢成为当时世界最薄不锈钢。习近平总书记考察太钢时曾赞其曰：“百炼钢做成了绕指柔。”总书记考察 3 个月后，太钢集团再创佳绩，成功轧出 0.015 毫米的超薄不锈钢箔材。2021 年 5 月，太钢集团“手撕钢”又实现 0.07 毫米超平不锈钢精密带材、无纹理表面不锈钢精密带钢两项新产品全球首发。

“手撕钢”的问世，将我国不锈钢箔材的制作工艺提高到世界领先水平，成功打破国外贸易垄断和技术封锁，为中国

△ 比打印纸还要薄的“手撕钢”

制造提供了高端基础材料，为国际超薄不锈精密带钢研发指引了新的方向。

向“卡脖子”难题发起挑战

“手撕钢”，顾名思义，指用手就能撕开的钢，这是对厚度小于 0.05 毫米不锈钢精密带钢的形象的叫法，它的专业名称是“不锈钢箔材”。“手撕钢”用途广泛，它是航空航天、高端电子、新能源等诸多尖端领域的关键基础材料。

“手撕钢”生产技术质量指标严、工艺控制难度大，长期被日本、德国等国的少数企业垄断，他们主要生产窄幅手撕钢，宽度为 350 ~ 400 毫米。以 OLED 用掩模板为例，我国长期依赖进口，每年进口总额超过百亿元。

面对这一“卡脖子”难题，太钢集团迎难而上，决心突破国外的技术封锁。在项目启动阶段，大家也有不同程度的担忧：国外技术专家都解不了的难题我们能行吗？国内没有任何经验可以借鉴怎么办？化解担忧最有效的方式就是坚定信心，坚持实践。研发团队的每一位成员紧盯高端市场需求和客户技术要求，以满足客户需求为目标，对标进口高端材料找差距，着力解决生产难点，一次次改善了箔材的厚度、宽度、硬度，一次次扭转了被人“卡脖子”的被动局面。

攻坚克难　百炼成钢

△ 攻克“手撕钢”研发难关

太钢集团“手撕钢”研发项目从 2016 年立项，到 2018 年实现 0.02 毫米 ×640 毫米宽幅不锈钢箔材的世界首发，研发过程可谓困难重重。由 0.8 毫米厚度的普通钢材，一次次往薄轧，每往薄轧制 0.01 毫米，辊系就要重新配比一次。20 个轧辊，加上锥度、凸度等变量因素，研发团队的成员在上万种辊系的配比中不断摸索。平均每两天，团队就要面对一次试验失败，尤其是轧制环节的断带问题。不同于厚板断带一分为二，薄板一断带，就会碎成粉末，只能由瘦小的职工爬进 0.4 米高的备件，用手抠、用手抓，把大家的攻关心血清理出来。

没有克服不了的难题，没有搬不走的大山。两年间，研发团队先后攻克 175 个设备难题、452 个工艺难题，经历了 700 多次失败，最终攻克了钢质纯净度、产线工艺、控制水平、高等级表面精度、产品性能五大核心工艺技术难题，成功研制出世界最宽 640 毫米、最薄 0.02 毫米的不锈钢箔材，并实现优质量产，使太钢集团成为世界上唯一可批量生产宽幅软态不锈钢箔材产品的企业。

再接再厉　勇攀高峰

凭借着品种高端和质量领先的优势，“手撕钢”赢得了国内外客户的认可，源源不断地运往欧美市场。2020 年 5 月 12 日，习近平总书记在太钢集团生产“手撕钢”的精密带钢公司视察时指出，产品和技术是企业安身立命之本。希望企业在科技创新上再接再厉、勇攀高峰，在支撑先进制造业发展方面迈出新的更大步伐。

2020 年 8 月，经过技术攻关，太钢集团“手撕钢”突破设备极限，实现了厚度从 0.02 毫米到 0.015 毫米的跨越，填补了国内空白，打破了国外企业的全球技术垄断，改变了不锈钢箔材市场格局。2021 年 5 月，太钢集团“手撕钢”又实现 0.07 毫米超平不锈钢精密带材、无纹理表面不锈钢精密带钢两项新产品全球首发，带动了超导、微孔加工等一系列表面深加工重大工艺技术的发展。如今，太钢集团可生产厚度从 0.015 毫米到 0.5 毫米、宽幅从 3 毫米到 650 毫米的不锈钢精密带钢产品，并瞄准氢燃料电池、5G 手机、柔性显示屏等新兴领域用钢需求，不断开发培育新产品，高效推进规模化生产。

太钢集团“手撕钢”超平、超薄、超硬、超光滑的性能和应用领域带动了高端制造原材料的变革。在全力稳固现有国内外市场的同时，太钢集团不断提高在不锈钢精密带材，特别是箔材领域的话语权和影响力。在国内，先后与国内知名企业合作，拓展精密箔材在重点行业的应用；深耕新能源领域，开发柔性太阳能电池衬底用钢、氢燃料电堆双极板等高端产品；折叠柔性显示屏用系列产品已与国内多家知名企业建立合作关系；5G 电子行业无磁新材料正在加速推进。在海外市场，稳

▽ 超平、超薄、超硬、超光滑的“手撕钢”

定现有韩国、巴西、墨西哥等汽车波纹管市场，同步开发印度市场，出口韩国等的药芯焊丝用精密带材销量大幅增长；电热管及汽车关键零部件用产品开发取得实质性进展。

“再接再厉、勇攀高峰”，习近平总书记的勉励，成为太钢集团持续向世界级行业难题发起冲锋的精神力量。通过国家“科改示范行动”试点建设，太钢集团打造了一支自主创新突击队，积极服务国家重大战略需求，推动企业在“十四五”期间实现规模跨越式增长，成为世界不锈钢特殊精密带钢行业引领者。

百炼而成的“手撕钢”，是中国传统工业企业技术和产品迭代升级的缩影，以太钢集团为代表的中国传统产业，正在历经蜕变，实现深刻转型，迈向高质量发展之路。

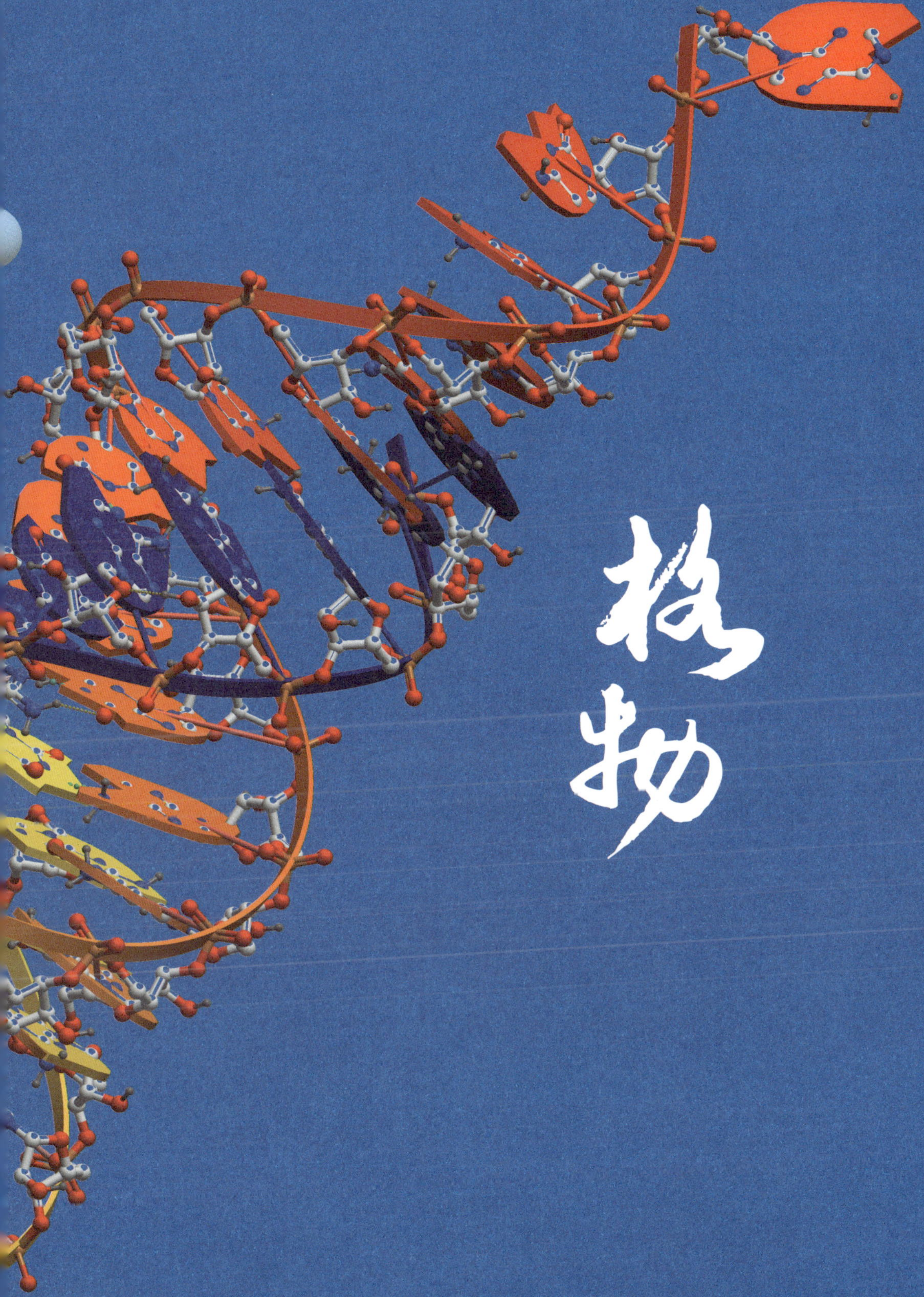

格物

THOMSON DIAGNOSTIC
DANGER
EAST偏振干涉仪诊断
POINT (POlarimeter-INTerferometer diagnostics)

习近平总书记指出："要持之以恒加强基础研究。""加强基础研究是科技自立自强的必然要求，是我们从未知到已知、从不确定性到确定性的必然选择。""我国面临的很多'卡脖子'技术问题，根子是基础理论研究跟不上，源头和底层的东西没有搞清楚。"

作为整个科学体系的源头，基础研究的水平决定了一个国家科技创新的底蕴和后劲。党的十八大以来，我国的基础研究取得长足进步，迈入从量的积累向质的飞跃、从点的突破向系统能力提升的新阶段。

10 年间，我国支持基础研究发展的政策体系不断完善，制定出台《国务院关于全面加强基础科学研究的若干意见》等重要文件；加大对基础研究的支持力度，较之 10 年前，基础研究经费提高 3 倍；全力打造北京、上海、粤港澳大湾区国际科技创新中心和怀柔、张江、合肥、大湾区综合性国家科学中心，布局建设了 13 个国家应用数学中心，科研基础条件不断夯实；国内发明专利、PCT 国际申请量跃居全球第一，高质量的国际论文数量连续多年位居全球第二。

我国在物质科学、量子科学、纳米科学、生命科学等方面取得一批具有国际影响力的原创成果："中国天眼"建成启用并产出系列重要成果；干细胞研究取得突破；量子计算原型机"九章"研制成功；快速驯化育种开辟全新育种方向。

《基础研究十年行动方案（2021—2030）》的出台，对我国下一个十年基础研究的发展做出系统的部署和安排：进一步优化学科布局和研发布局，支持新兴学科、冷门学科和薄弱学科的发展，特别是要推动学科交叉融合和跨学科研究；在前沿领域，布局建设一批基础学科研究中心。制订、实施战略性科学计划和科学工程，强化应用导向的基础研究，完善共性基础技术供给体系。加快组建国家实验室，重组国家重点实验室体系，打造体系化的战略科技力量。改革完善基础研究的体制机制，进一步加大基础研究投入，建立以学术贡献和创新价值为核心的评价导向，支持广大科研人员勇闯创新"无人区"。

“中国天眼”聆听宇宙弦音

2016 年 9 月 25 日，500 米口径球面射电望远镜（FAST）在贵州省平塘县的喀斯特洼坑中落成，开始接收来自宇宙深处的电磁波。FAST 作为国之重器，是国家科教领导小组审议确定的国家九大科技基础设施之一。

FAST 被誉为“中国天眼”，是具有我国自主知识产权、世界最大单口径、最灵敏的射电望远镜。它的落成启用，对我国在科学前沿实现重大原创突破、加快创新驱动发展具有重要意义。

“中国天眼”从 2021 年起向全世界科学家开放。现在，“中国天眼”成为全球唯一的，也是人类共同拥有的——瞭望宇宙的巨目。

仰望星空 脚踏实地

宇宙演化、生命起源、物质结构、意识本质，是人类探索的永恒课题。“在万籁俱静的夜晚，当我们仰望天空时，仍不免会问：我们是谁？我们从哪里来？我们是否孤独？”这是南仁东早年在《来自太空的召唤》中写下的文字，应该也是这位未来“中国天眼”缔造者无数次凝望夜空时，在自己内心的发问。

1993 年，国际无线电科学联盟大会召开，与会专家关于全球电信号环境恶化以及建设大型望远镜的讨论，让南仁东萌发了在中国建造超大口径射电望远镜的想法。他说：“别人都有自己的大设备，我们没有，我挺想试一试。”就是这句话，开启了“中国天眼”从预研究到落成启用 22 年的艰辛历程。

这个雄心勃勃的科学计划，从预研究开始，就伴随着来自各方的质疑和担忧：有对可行性的疑虑；有对风险的担忧；也有善意的规劝——搞大科学工程，风险大，耗时长，写不了文章，出不了成果，得不偿失。但南仁东义无反顾，踏上了这条注定充满艰辛的不平凡的探索之路。

在项目预研究阶段，经费有限，南仁东为节约经费，在市内办事从不打车，全靠自行车代步；去外地出差尽可能坐绿皮火车，在火车上过夜，下了火车就去办事，办完事当天乘火车返回，宁可自己奔波劳累，也要节省下交通、住宿费用。为了实现最佳建设目标，他在贵州喀斯特地貌地区跋山涉水，为未来的望远镜选址，甚至险些在选址途中发生意外。

当项目终于正式启动，面临的困难与挑战接踵而至：关键技术无先例可循，关键材料须自主攻关，核心技术遭遇封锁……南仁东和他所带领的团队硬是在重重困难中披荆斩棘闯出一条胜利之路。2016 年 9 月 25 日，具有我国自主知识产权的 500 米口径球面射电望远镜“中国天眼（FAST）”落成启用。

习近平总书记发来贺信指出：

浩瀚星空，广袤苍穹，自古以来寄托着人类的科学憧憬。天文学是孕育重大原创发现的前沿科学，也是推动科技进步和创新的战略制高点。500 米口径球面射电望远镜被誉为“中国天眼”，是具有我国自主知识产权、世界最大单口径、最灵敏的射电望远镜。它的落成启用，对我国在科学前沿实现重大原创突破、加快创新驱动发展具有重要意义。

国外媒体如此报道这项重大科技事件：“中国的巨型射电望远镜，是其远大科学雄心的象征。”“中国终于进入了观天时代，它将持续领先世界 20 年。”

△ 2010 年南仁东危岩考察

△ 2011 年南仁东现场踏勘

△ 2013 年南仁东在圈梁合龙时检查塔零件

△ 2014 年摄于大窝凼基地

△ 2015 年索网合龙时南仁东（右三）与工人合影

被寄予厚望的“中国天眼”不负所托，在调试阶段就陆续发现新脉冲星，运行以来已发现数百颗脉冲星，成为国际瞩目的宇宙观测利器。2020 年 12 月，在美国的大型射电望远镜坍塌后，中国宣布：“中国天眼”从 2021 年起向全世界科学家开放。现在，“中国天眼”成为全球唯一的，也是人类共同拥有的——瞭望宇宙的巨目。

春雨催醒期待的嫩绿，
夏露折射万物的欢歌，
秋风编织七色锦缎，
冬日下生命乐章延续着它的优雅。
大窝凼时刻让我们发现、给我们惊喜。
感官安宁，万籁无声。
美丽的宇宙太空，
以它的神秘和绚丽，
召唤我们踏过平庸，
进入它无垠的广袤。

这是南仁东写于“中国天眼”建设阶段的诗作。“中国天眼”落成后一年，南仁东永远地离开了他热爱的这份事业。他进入了宇宙的无垠广袤，化作太空中那颗“南仁东星”，与他为之付出生命中三分之一光阴的“中国天眼”遥相守望。

“中国天眼” 国之重器

被誉为“中国天眼”的 FAST 于 2016 年 9 月落成启用。它是由中国科学院国家天文台主导建设的、我国拥有自主知识产权的世界最大单口径射电望远镜。如今，它已经聆听到来自遥远宇宙中脉冲星婴儿心跳般的声音。

在建设过程中，以 FAST 工程首席科学家南仁东为首的科研团队逢山开路、遇水搭桥，从立项、选址到开挖，到第一个环梁

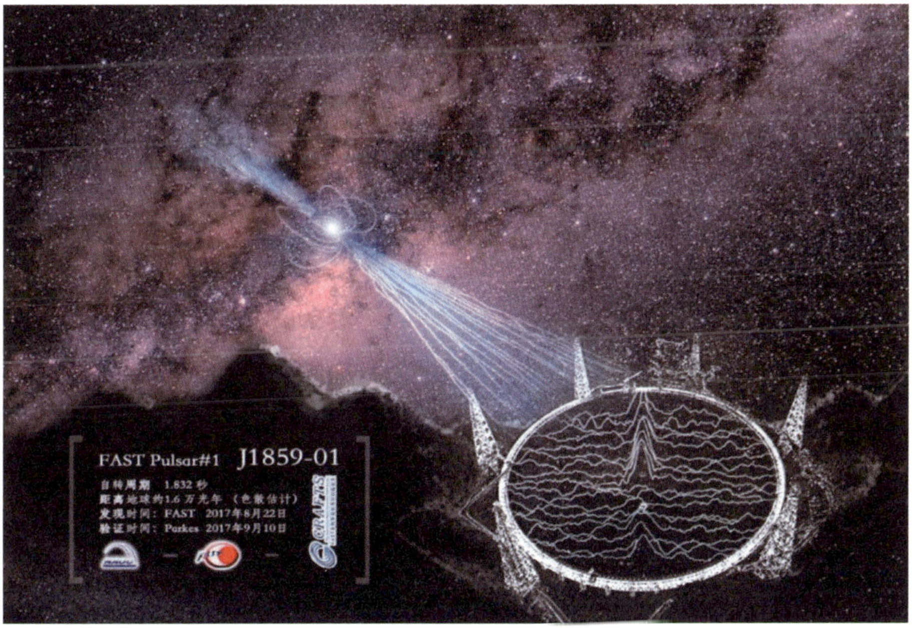

△ FAST 观测脉冲星示意图

结构搭建，再到铺上索网，团队从始至终坚持了22年，最后建成了这一世界上最大的500米单口径射电望远镜。FAST究竟有多大呢？如果把它看作一口盛满水的锅，全世界每个人都可以分4瓶水，够所有人喝一天。由此也可以想象，我国科研团队建造它的难度有多大。

FAST的反射面被形象地称为"天眼"的视网膜。解剖其结构可见500米口径的钢梁架在50根巨大的钢柱上，一张6670根钢索编织的索网挂在环梁上，上面铺着4450块反射面单元，下面装有2225根下拉索，固定在地面促动器上。通过这些促动器拽拉下拉索，就可以控制索网的形状，一会儿是球面，一会儿是抛面，从而进行天文信号的收集和观测。

FAST作为世界最大的单口径望远镜，将在未来20～30年保持世界一流地位。FAST选择独一无二的贵州天然喀斯特洼地台址，应用主动反射面技术在地面改正球差，加之轻型索拖动馈源支撑将万吨平台降至几十吨，这三大自主创新优势，使其突破了望远镜的百米工程极限，开创了建造巨型射电望远镜的新模式。

敢为人先　筑造"天眼"

为了给"天眼"找到独一无二的台址，南仁东无数次往返于北京和贵州之间，带着300多幅卫星遥感图，用双脚丈量了贵州大山的每个角落。最终他选定贵州天然喀斯特巨型洼地作为望远镜台址，使得望远镜建设得以突破百米极限。

建设"天眼"是一项前无古人的大工程，在这段曲折的道路上，南仁东顶着压力，风雨兼程。他全面指导FAST工程建设，主持攻克索疲劳、动光缆等一系列技术难题，为FAST工程顺利完成做出卓越贡献。

2017年9月15日，72岁的南仁东永远地闭上了双眼，我们在星空的这一端，而他在星空的那一端。"人是要做一点事情的"，南仁东"踏踏实实做点事情"的精神会一直激励着FAST团队，激励着每个人。

△ 2014年12月1日南仁东在圈梁上检查工作

“天眼”调试　让“眼珠”动起来

一般来说，巨型望远镜调试都会涉及天文、测量、控制、电子学、机械、结构等众多学科领域，是一项强交叉学科的应用性研究，因此国际上传统大射电望远镜的调试周期很少短于4年。FAST开创了建造巨型射电望远镜的新模式，其调试工作也更具挑战性。

FAST有两个主要系统，即反射面系统和馈源支撑系统。反射面系统的主要作用是精准地形成抛物面，这样才可以将天体发出来的平行光尽可能高效地汇聚到焦点上。馈源支撑系统要将接收机控制到焦点的位置，并保证接收机的正确姿态，以最大的效率收集抛物面汇集的电磁波信号。

△ FAST与传统望远镜的对比

优点：	代价：
超高灵敏度	系统构成复杂
灵活的指向	设备故障影响

FAST巨大的接收面积注定了它有其他望远镜无法比拟的优势，即超高的灵敏度。与此

同时，相对于其他望远镜而言，它的系统构成更加复杂。一般望远镜只有俯仰轴和自转轴两套驱动控制系统，而 FAST 仅反射面控制就需要 2200 多台促动器协同动作，并且索网把 2200 多台促动器连在一起，形成了一个复杂的耦合控制系统，可以说是“牵一发动全身”。任何一台促动器出现问题后的维修工作，都会影响 FAST 的有效观测时长。

为了提高整个系统对设备故障的容忍度，调试团队研发了一套非常有趣的主动安全评估系统，这个系统可以实时读取促动器的位置信息，并将其输入力学模型，实时地进行力学仿真计算。也就是说，索网怎么动作，计算机的索网模型就怎么动作，从而可以计算出所有索力并进行安全评估。

这是实时力学仿真技术在安全评估领域的首次成功应用。力学仿真相比于传感器可靠得多，它是数学工具，就像 1+1 永远会等于 2，简单可靠，非常适用于 FAST 这个复杂的控制系统。

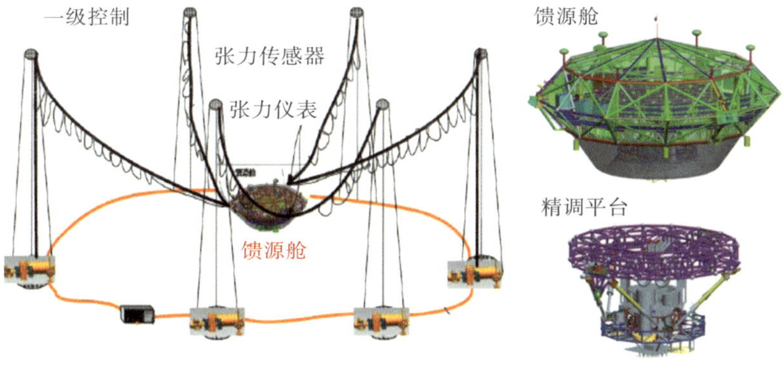

△ **馈源支撑控制系统原理图**

馈源支撑系统也同样不简单。它的控制主要分两级。

第一级是通过 6 根几百米的绳子对 30 吨的馈源舱实现的概略控制，要在 140 米高空、200 多米的尺度范围内，把馈源舱定位精度控制在 48 毫米以内。

第二级是通过舱内的 *AB* 轴（万向轴）和 Stewart 平台实现接收机二级精确定位，对安装在馈源舱内的接收机相位中心进行二次精调，最终需要实现的控制精度要达到 10 毫米以内。同时，如果馈源舱在风、雨等动力载荷下产生晃动，二次精调平台还可以起到消振的作用。

尽管 FAST 做了 3 米、10 米、30 米和 50 米的模型试验，但是动力学试验很难实现完整的相似性。因此，不管调试团队做多少试验，都不能说明 600 米尺度下会不会有问题。

经过调试团队近半年的努力，发展的实时力学仿真技术大幅提升了望远镜对设备故障的容忍度，馈源支撑系统也实现了系统集成，最终于 2017 年 8 月 27 日第一次完成了反射面和馈源支撑的协同动作，首次实现了对特定目标的跟踪观测，并稳定地获取了目标源射电信号。这意味着天眼的“眼珠”可以转动了！

此后，“中国天眼”便可以克服地球的自转，对天体目标源进行跟踪观测。要知道，望远镜的灵敏度不仅与其接收面积有关，还与望远镜的跟踪时间有关。就像人的眼睛一样，只是扫视一下，我们只能看个大概的轮廓，如果想看清细节，就需要对着目标仔细地端详一段时间。其实，这也是 FAST 最重

△ FAST 俯视图

要的一个功能，只有能跟踪，“大眼”才能充分发挥它的最优性能。南仁东曾说过，不能跟踪就不能叫 FAST，可见他对望远镜跟踪功能的重视和期待！

相比于国际上现有的大型射电望远镜，FAST 是一架非传统的巨型射电望远镜，工作方式更加特殊，其调试工作也没有成熟的经验可供参考，而且系统构成更加复杂、安全风险大。FAST 团队能在短期内实现望远镜的全部功能性调试，完成了最困难、最有风险的调试环节，其进度已经超过国际一般惯例及同行预期。

精抠细节 擦亮“天眼”

望远镜的性能不只是其灵敏度、指向精度等硬性指标，还包括可靠性、稳定性等软性指标。简而言之，望远镜系统偶尔能达到最优性能和长期稳定地达到最优性能完全是两个概念，也是完全不同的难度系数。而 FAST 团队的目标是要做一台性能优异、同时又让科学家觉得十分好用的望远镜，这个目标

△ 测量基准站的分布情况

从一开始就没有动摇过。

望远镜性能的实现主要是控制精度的实现。FAST 直径 500 米，但要实现毫米级的多目标、大范围、高动态性能的控制精度，是前所未有的。FAST 精准的控制包含两个方面：一是控制反射面系统形成尽量完美的抛物面；二是控制馈源支撑系统使馈源接收机尽可能接近焦点位置，并保持正确的姿态。

精确的控制离不开精准的测量，反射面系统和馈源支撑系统均以激光全站仪作为测量手段。FAST 反射面内均匀地布设了 24 个测量基准站组成的基准网，第一步要做的，也是最关键的，就是精确测量 24 个基准站的绝对位置信息。

为了消除光路折射的影响，调试团队研发了一套双靶互瞄模式的对向观测技术，较准确地估计折光的影响并进行修正。

为了克服温度、湿度等自然难题，科研团队研发了一套基准网的自动化监测系统，把基准网测量周期由至少半个月缩短至 10 分钟以内，这样就可以克服温度、湿度及基墩变形周期的限制，最终将望远镜测量基准网的精度提升至 1 毫米以内。

随着调试工作的精雕细琢、测量精度的不断提升，望远镜的性能得到明显改善。“中国天眼”的视力越来越好，从而大幅提升望远镜的巡天效率，观测时将会获得射电源更精确的定位图像，发现更多的脉冲星，并能观测宇宙中不同距离不同方向的中性氢 1.4 吉赫谱线，以更好地探索宇宙历史，甚至搜寻可能存在的外星文明。

初心不改　未来可期

2018 年 4 月 18 日，通过与美国国家航空航天局的费米伽马射线卫星合作，FAST 首次发现毫秒脉冲星 J0318+0253（周期 5.19 毫秒）并获得国际认证，这是中美科学装置首次在地面和太空、射电与高能波段合作完成的天文学发现，也是 FAST 继发现脉冲星之后的另一重要成果。截至 2021 年 3 月，FAST 已发现 300 余颗脉冲星。科研团队在 FAST 上安装多

△ 多波束（“中国天眼”的瞳孔）安装现场

波束接收机后，未来可做多科学目标同时巡天，即在一次扫描中，同时获取脉冲星、天体谱线、快速射电暴等数据进行分析。这一独创的技术与方法，有助于我们发现更多奇异种类的脉冲星，例如，脉冲星黑洞双星系统，使人类有可能在更加极端的引力条件下，检验爱因斯坦相对论，同时使人类有可能第一次精确测量到黑洞的质量。

“中国天眼”已成为我国当之无愧的国之重器，未来还将开展巡视宇宙中的中性氢、研究宇宙大尺度物理学、主导国际低频甚长基线干涉测量网、获得天体超精细结构、探测星际分子、搜索可能的星际通信信号等工作。

“为下一代科学家建一台好用的望远镜”，这是以南仁东为代表的 FAST 科研团队不变的初心。为了实现这个美好的愿景，FAST 还有很长的路要走。

干细胞研究破译生命密码

在这颗蔚蓝色的星球上，生命经过约 38 亿年的漫长演化，形成了今天我们看到的无比复杂且繁茂的生命系统。时至今日，人类已经拥有了空前发达的文明与科技，但对于生命的认知和理解仍然只是沧海一粟。

生命科学新理论、新技术不断涌现，干细胞与再生医学、基因组学、基因编辑技术、合成生物学的发展，使得我们对生命的本质有了更深入的理解，并逐步具备了应用这些基础研究成果抗击突发、重大传染病，延缓衰老，改造、甚至创造生命的能力。

殊途同归的干细胞

人类同大多数脊椎动物一样，都是由200种以上不同类型的细胞组成的，各种特定类型细胞的有序组合就构成了人体的不同组织、器官，它们在体内各司其职，维系着生命体的健康、有序运行。干细胞是一种未被赋予特定功能的细胞，它们既能几乎无限制地进行细胞分裂，产生新的干细胞，也可以在特定的环境下分化成具有特殊功能的职能细胞。正因如此，干细胞的建立为人们研究生命演化进程、探索遗传规律、调控发育命运提供了重要工具，同时也为人类健康和再生医学的发展带来了新的希望。

根据细胞的不同来源，干细胞分为多种不同的类型。从哺乳动物早期胚胎——囊胚中分离得到的干细胞被称为胚胎干细胞，胚胎干细胞具有发育成为生命个体中几乎全部的细胞、组织和器官，甚至独立发育为动物个体的能力。20世纪末，啮齿类胚胎干细胞和人胚胎干细胞相继建立，这是生命科学发展历程中的一个里程碑事件，为生命科学基础研究及再生医学领域的发展提供了一种相对理想的“种子细胞”。另一种被称为成体干细胞，顾名思义是从成体组织中分离得到的，成体干细胞来源广泛，可以从新生儿脐带、骨髓或者脂肪中建立，因其具有容易获取、安全性高、免疫排斥源性低等特点，故其在再生医学领域具有较高的应用价值。

2006 年，日本科学家首次建立了一种新型的干细胞——诱导多能性干细胞，即通过异位表达 4 个转录因子成功地将终末分化的小鼠胚胎成纤维细胞重新转化为具有多能性的干细胞，并证明了 iPS 具有与小鼠胚胎干细胞相似的发育潜能。相较于人胚胎在发育上的“唯一”性，即我们已经出生的个体无法获得与自身基因型完全一致的胚胎干细胞来进行自身的细胞治疗，iPS 技术的出现有效规避了使用胚胎所产生的伦理风险，同时也为开展个体化和定制化的细胞替代治疗提供了一个更为理想的方案。因此，该成果的发表引起了国际生命科学和医学研究领域的广泛关注。

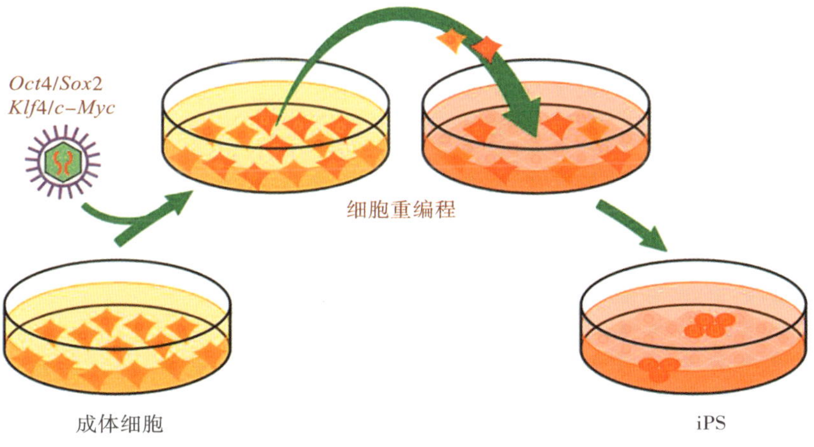

△ iPS 细胞建立过程

“小小”接过“多莉”点燃的火炬

在成功建立 iPS 之后，更多的科学家开始关注 iPS 的发育潜能是否能够像胚胎干细胞一样，具有独立发育成完整健康个体的能力，这是一种评价干细胞发育潜能的金标准——四倍体补偿技术。四倍体补偿技术，即以显微注射的方式将干细胞注射到四倍体胚胎中，干细胞如有可以独立发育成健康个体的能力，即被认为其具有在体内发育成哺乳动物生命体所有类型组织、器官的能力。在此前，多国科学家对 iPS 细胞是否是真正的多能干细胞一直持怀疑态度，这也成为阻碍干细胞研究深入进行和临床应用广泛开展的重要原因。

2009 年，一只名为“小小”的小鼠的诞生，终结了科学家关于 iPS 细胞是否能够替代胚胎干细胞的争论。中国科学院动物研究所周琪研究员和上海交通大学医学院曾凡一研究员合作完成了一项研究成果，首次证明 iPS 细胞可发育为健康个体。科研团队经过对 iPS 的诱导、培养体系进行改良和优化，以血清替代品作为基础培养体系，共诱导获得 37 株小鼠 iPS 细胞系。利用四倍体补偿体系对其中 6 株 iPS 细胞系进行发育潜能评估，成功注射 1500 多个四倍体胚胎，最终获得 3 株共 27 只成活的小鼠，这是国际上首次证明 iPS 具有发育成健康

△ 由 iPS 细胞发育而成的健康 iPS 小鼠——“小小”

可育小鼠的能力。

“小小”的诞生在世界上首次证明了 iPS 细胞的发育全能性，为进一步研究 iPS 技术在干细胞、发育生物学和再生医学领域的应用奠定了坚实的基础。该成果入选 2009 年美国《时代》周刊评选的十大医学突破、2009 年中国基础研究十大新闻和两院院士评选的中国十大科技进展。“克隆羊之父”伊恩·威尔穆特教授称该研究团队获得的“iPS 小鼠‘小小’接过了克隆羊‘多莉’点燃的火炬，宣布了这场革命的胜利”。也正如《时代》周刊在年度十大医学突破中对该成果的评价，“利用 iPS 获得可育小鼠是说明 iPS 在疾病治疗方面可以和胚胎干细胞一样有用的有力证据”，该成果消除了科学家在 iPS

△ iPS 小鼠“小小”接过克隆羊“多莉”点燃的火炬

多能性方面的顾虑，使科学家可以放手研究 iPS 在细胞治疗和组织、器官再生方面的用途。

探索发育奥义

在自然界中，大多数哺乳动物细胞都是由二倍体或多倍体细胞构成的，仅有精子或卵子一类特殊的生殖细胞以单倍体的形式存在，人们是否可以获得仅具有单倍染色体的干细胞呢？2011 年前后，美国科学家和中国科学家团队分别利用人工激活的方法，从小鼠的卵子和精子中成功获得孤雌单倍体干细胞和孤雄单倍体干细胞，这些特殊的干细胞同时具有类似于小鼠胚胎干细胞的特征，即能够自我更新、定向分化，而更为重要的是，这些细胞保持了来自卵子或精子的单套染色体状态。单倍体细胞中只具有一套染色体，这降低了其基因组的复杂程度，有利于隐性纯合体的获得，是极具价值的遗传学研究工具。

我们知道高等动物中普遍存在生殖隔离的现象，即不同物种间的动物一般不会互相交配而产生后代。单倍体干细胞技术的出现为人们研究物种间生殖和进化提供了新工具。中国科学院动物研究所周琪研究员将小鼠和大鼠两个物种的单倍体干细胞进行融合，首次获得人工创建的、以稳定二倍体形式存在的异种杂合胚胎干细胞，它们包含大鼠和小鼠基因组各一套，并且异源基因组能以二倍体形式稳定存在。异种杂合二倍体干细胞能够分化形成各种类型的杂种体细胞以及早期生殖细胞，并展现出兼具两个物种特点的独特的基因表达模式和性状。这些具有胚胎干细胞特性的异种二倍体杂合干细胞将为进化生物学、发育生物学和遗传学等研究提供新的模型和工具，从而完成更多的生物学新发现。

同性生殖的现象在动物中并不罕见，例如在爬行类的蜥蜴、两栖类的蛙，以及多种鱼类中，都有孤雌生殖现象。然而对于高等哺乳动物，无论孤雌生殖或孤雄生殖都不存在。科学家人工构建出的孤雌或孤雄胚胎均在发育早期死亡。在爬行类和两栖类不存在、在哺乳类进化出来的印记基因被认为是阻碍哺乳动物同性生殖的重要因素。中国科学院动物研究所研究团队结合单倍体干细胞技术和基因编辑技术对这些问题进行探索。该研究团队首先发现，由卵细胞建立的孤雌单倍体干细胞，在高代次条件下，删除两个印记区段并注射进第二个卵细胞后，能发育得到有“两个母亲”的孤雌小鼠。进一步研究发现，高代次的孤雌单倍体细胞展现出了一种不同于卵子或较低代次细胞，反而类似原始生殖细胞的全基因组甲基化模式，且所有的印记区段都呈现出类似原始生殖细胞的“无印记”状态。

中国科学院动物研究所胡宝洋研究员、周琪研究员和李伟研究员团队合作，利用基因编辑技术对单倍体胚胎干细胞进行印记基因修饰并利用该细胞进行复杂胚胎操作的形式，得到了世界上首只双父亲来源的小鼠。研究人员利用单倍体干细胞易于基因编辑的特性，在孤雄单倍体干细胞中，筛选并删除了 7 个重要的印记控制区段。这些经过基因编辑的孤雄单倍体干细胞与另一颗精子所形成的孤雄胚胎干细胞，发育成为活的孤雄小鼠。这些孤雄小鼠外观正常，可以自主呼吸，但是都在出生后 48 小时内死亡。这是首次获得具有两个父系基因组的孤雄小鼠，证实了即便在最高等的哺乳动物中，孤雄生殖也有可能实现。这些发现对理解基因组印记的进化、调控和功能具有重要意义，对于开发新的动物生殖手段也有重要价值。

破译衰老密码

人口老龄化是人类社会发展面临的一个巨大难题。老年人的多组织、器官生理结构和功能退化导致一系列衰老相关疾病，如骨关节炎、心血管疾病、神经退行性疾病等，使老年人生活质量明显降低，给家庭和社会带来沉重负担。那么，人类该如何解答这个难题，减少衰老对生命质量和生活质量的影响呢？中国科学院动物研究所刘光慧团队致力于探索衰老的核心机制，破译衰老密码，为未来实现衰老干预奠定基础。

人们一般认为年龄代表着衰老进程，年龄越大衰老程度越高。然而，生活中鹤发童颜者有之，未老先衰者也有之。衰老的机制非常复杂，为了更好地认识衰老机制，研究团队建立了加速衰老及神经病变等衰老相关疾病的人干细胞研究体系。这为认识人类干细胞衰老及演变规律提供了研究平台。基于上述研究平台，研究人员首次发现核纤层 / 异染色质的失稳是人干细胞衰老的驱动力，而小分子药物奥替普拉、槲皮素、维生素C、没食子酸可通过稳定核纤层 / 异染色质延缓人干细胞衰老。此外，低剂量槲皮素还能够延长老年小鼠的健康寿命，使多种组织中细胞水平的衰老表型明显改善。这些小分子药物为延缓器官甚至机体衰老提供了潜在的解决方案。

细胞是生命体的基本单位，细胞的活力下降、功能减退往往预示着衰老的发生。因此，如果找到导致细胞衰老的基因并加以控制，或许就能够实现延缓衰老的目标。研究团队历经数年的“大浪淘沙”，发现了一个名为 *Kat* 7 的新型人类促衰老基因，敲低小鼠肝脏中的 *Kat* 7 基因可使其寿命延长约 25%。这一振奋人心的发现首次证实了通过调控单个促衰老基因的活性可能达到延缓机体衰老的目的，也为衰老相关疾病的基因治疗奠定了基础。

改善干细胞耗竭最直接的方式就是补充外源干细胞，因此，干细胞移植通常被认为是延缓衰老、防治衰老相关疾病的重要途径。然而，移植入体内的干细胞存留时间短、存活率低，成为干细胞移植发展的“瓶颈”。研究团队通过靶向编辑长寿基因 *FOXO* 3 的少数碱基，构建了世界首例遗传增强型人干细胞及血管细胞，并证实这些细胞不但能高效地促进血管修复与再生，而且能有效抵抗细胞的致瘤性转化。遗传增强干细胞的成功建立为解决再生医学领域干细胞治疗的有效性和安全性提供了新的思路和理论基础，对于开发优质安全的人类干细胞移植材料具有借鉴意义。

面向人民生命健康
干细胞研究大有可为

人们对于干细胞的再生应用充满了期待。2015 年，世界首个干细胞治疗产品在欧洲上市，用于修复患者眼角膜的损伤，为干细胞转化提供了示范。近年来，中国干细胞临床转化路径逐步清晰。2017 年，首批 8 个干细胞临床研究通过国家备案，此后的 3 年中备案项目已增至 60 余项，中国干细胞领域的研究实现了从“跟跑”到“领跑”的飞跃。

2017 年 11 月 27 日，世界首个体细胞克隆猴“中中”诞生，12 月 5 日，第二个体细胞克隆猴“华华”诞生。体细胞克隆猴的成功，以及未来基于体细胞克隆猴的疾病模型的创建，将有效缩短药物研发周期，提高药物研发成功率，使我国率先发展出基于非人灵长类疾病动物模型的全新医药研发产业链。

在抗击新冠肺炎疫情的战斗中，干细胞研究成果大显身手。CAStem 细胞注射液是中国科学院动物研究所 / 北京干细胞与再生医学研究院 / 中国科学院干细胞与再生医学创新研究院自主开发的治疗新冠肺炎的人胚干细胞来源功能细胞药物，目前已获得国家药品监督管理局Ⅰ/Ⅱ期新药临床试

△ 世界首个体细胞克隆猴“中中”和它的妹妹“华华”

验批件，在北京、哈尔滨、武汉等地开展临床试验，完成了 74 例临床试验和研究，受试者经治疗后病情出现不同程度好转。

科学应对人口老龄化是新时代国家科技战略布局的重要方向。中国科学院动物研究所科研团队在“衰老的机制与干预”方面取得系列研究成果，系统解析了灵长类动物重要器官衰老的标记物和调控靶标，揭示了老年个体易感新冠病毒的分子机制，在系统生物学水平阐明热量限制延缓衰老的新机制，通过基因编辑产生了国际首例遗传增强型干细胞和血管细胞，发现可缓解增龄性小鼠骨关节变性并促进关节软骨再生新技术。干细胞研究面向人民生命健康、服务民生福祉，未来可期！

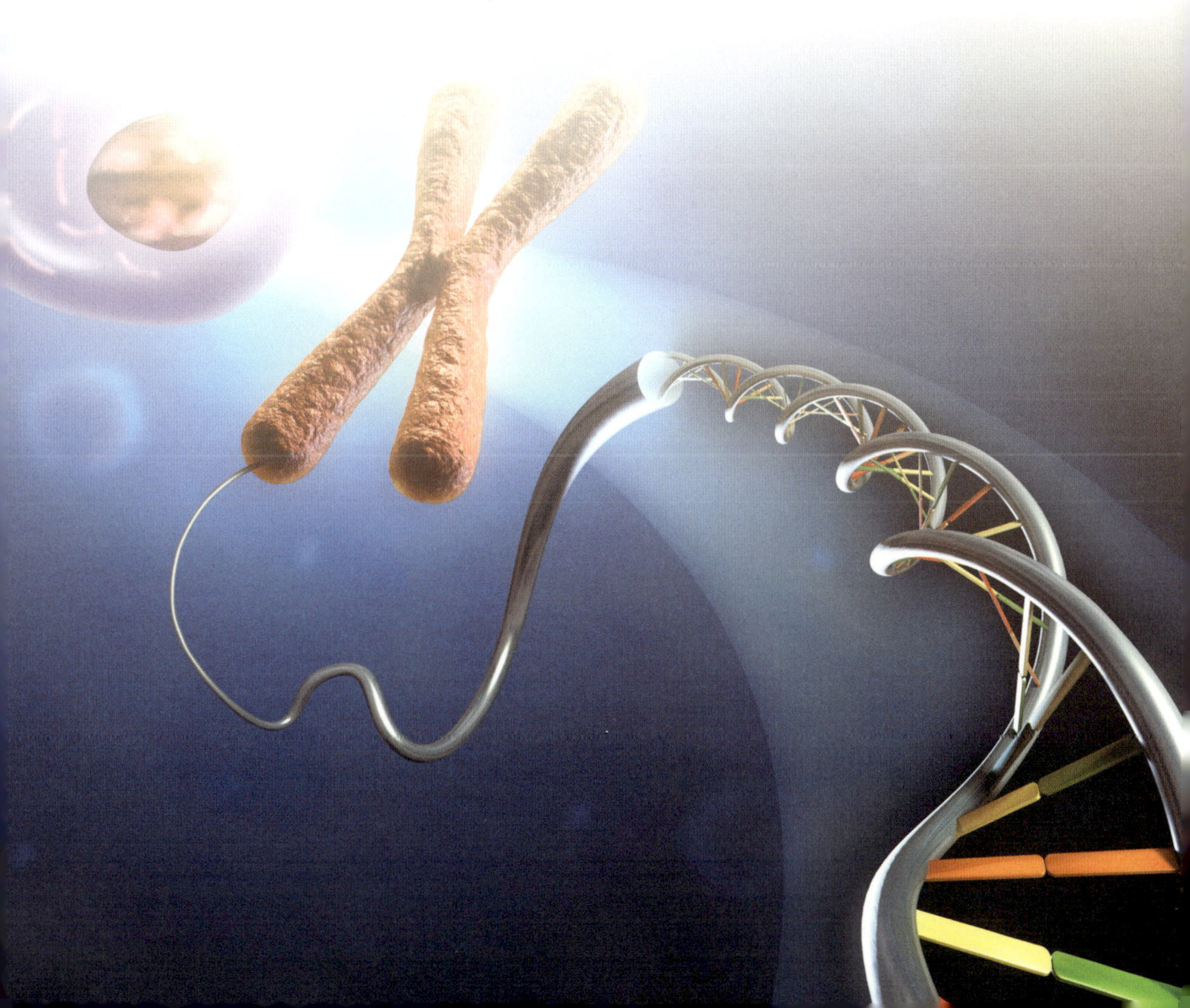

散裂中子源探索物质结构

中子具有不带电、穿透力强、具有磁矩、可区分同位素等独特优势，是研究物质材料微观结构的理想探针。中国散裂中子源被誉为“超级显微镜”，是国际公认的与同步辐射光源优势互补的大型综合性研究平台。中子虽然小到以肉眼无法识别，但散裂中子源却是个由各种高、精、尖设备组成的庞然大物，散裂中子源的建设，考验的是综合国力。

中国散裂中子源在材料科学技术、生命科学、物理、化学化工、资源环境、新能源等诸多领域具有广泛应用前景，将为我国产生高水平的科研成果提供有力支撑，为解决国家可持续发展和国家安全战略的许多“瓶颈”问题提供先进平台。

超级显微镜

在显微镜发明以前，人类主要靠肉眼观察周围世界，还没有办法观察细胞，甚至还不知道细胞的存在。当时对于生物的研究只停留在动物和植物的形态、内部结构或生活方式等方面。显微镜把一个全新的世界展现在人类的视野里。人们第一次看到了许多“新”的微小动物和植物，以及从人体组织到植物纤维等各种致密物体的内部构造。显微镜的发明大大扩展了人类的视野，也把生物学带进了细胞的时代。

在 20 世纪 30 年代，科学家又发明了电子显微镜。电子显微镜利用电子与物质进行散射和衍射等相互作用所产生的信号来测定微区域晶体结构、精细组织、化学成分、化学键和电子分布情况等。与光学显微镜相比，电子显微镜用能量更高的电子束代替可见光，用电磁透镜取代光学透镜，并使用荧光屏等装置显示肉眼不可见的电子束图像，因而具有更高的放大率和分辨率。

光学显微镜的最大放大倍率约为 3000 倍，最高分辨率为 0.1 微米，而现代电子显微镜最大放大倍率超过 300 万倍，分辨率达 0.1 纳米，能直接观察到某些重金属晶体中排列的原子点阵和生物细胞中的分子。近年来，科学家又利用兆电子伏能量的电子束，开展在原子尺度下高时间分辨成像的研究。

与光学显微镜用可见光作为“探针”不同，电子显微镜用电子束作为“探针”对样品进行观测。在电子显微镜中，加在电子枪上的电压通常为 10 万伏量级，电子的能量约为 10 万电子伏，其波长小于 0.1 纳米，即与原子的尺度相当。从结构上看，电子显微镜也可以说是一种紧凑型的低能电子加速器。

在 20 世纪 30 年代，科学家发明的粒子加速器，不仅可研究分子和原子层次，还可以研究原子核的结构、组成原子核的质子和中子结构，夸克、轻子和传递相互作用的媒介粒子等

△ 北京正负电子对撞机鸟瞰

“基本粒子”。这些粒子加速器的规模往往巨大，用于探索物质深层次的微观结构，因此被称为“超级显微镜”。

以中子为“探针”的中国散裂中子源

中子也可以作为“探针”，各种中子源也是研究物质微观结构的有力手段。中子不带电、能量低、具有磁矩、穿透性强、无破坏性，能清晰地分辨轻元素、同位素和近邻元素，用以研究在原子、分子尺度上各种物质的微观结构和运动规律，告诉我们原子、分子在哪里，在做什么，不仅可探索物质静态微观结构，还能研究其动力学机制。

中子源与同步辐射光源互为补充，已经成为基础科学研究和新材料研发的重要平台。美国、英国和日本都有散裂中子源，我国在广东省东莞市也建设了中国散裂中子源（CSNS），为相关领域的研究提供高性能的平台。

我们知道，中子和质子都是原子核的组成部分。有什么办法可以让中子从原子核里“跑”出来，用作研究物质微观结构的“探针”吗？加速器可以提供好办法，那就是把质子束加速到 1 吉电子伏左右的高能量，去轰击重金属的靶，与靶原子核产生散裂反应，把原子核里的中子“打”出来。这个过程就像把一个球重重地扔进一个装着许多小球的篮子里，使篮里的球

△ **中国散裂中子源**

飞散出来那样。

中国散裂中子源主要由 1 台负氢离子直线加速器、1 台快循环质子同步加速器、2 条束流输运线、1 个靶站和 3 台谱仪及相应的配套设施组成。负氢离子源产生的束流在直线加速器里被加速到 80 兆电子伏，经过中能束流输运线注入快循环同步加速器。在同步加速器的入口安装了一台剥离膜装置，可以把负氢离子中的电子剥离掉而转换成质子。质子在同步加速器进行积累，并加速到最终能量 1.6 吉电子伏，每秒可进行 25 次这样的循环。质子束通过高能束流输运线送到靶站，轰击钨

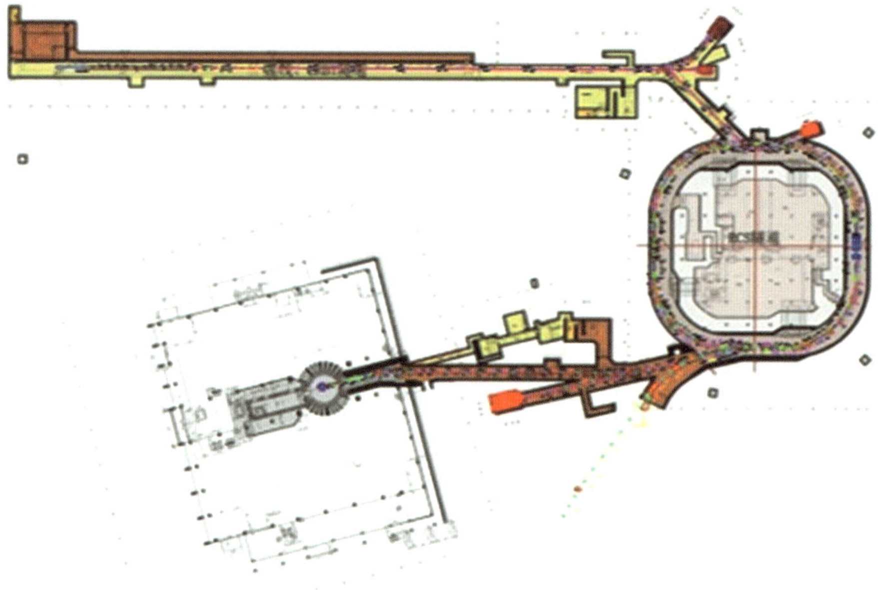

△ 中国散裂中子源布局图

△ 快循环质子同步加速器

△ 负氢离子直线加速器

△ 散裂靶站

靶产生散裂中子。在靶站内部安装了慢化器，可以把散裂反应产生的快中子减速为慢中子，再通过中子导管引到各台谱仪，供用户开展实验研究。

中国散裂中子源具有安装 20 台中子束线和谱仪的能力，在工程的第一阶段，建设了 3 台谱仪，分别是高通量粉末衍射谱仪、多功能反射谱仪和小角散射谱仪。在“十四五”期间，中国散裂中子源将新增 11 台谱仪和实验终端，可帮助更多科学家开展研究。

中国散裂中子源建成后，为生命科学、材料科学、物理学、化学、纳米科学、环境科学、地球科学和医药学等领域的前沿探索提供先进的研究手段，有望使我国在量子调控、基因和蛋白质工程、高温超导机理和稀土永磁材料等重要研究方向上取得突破，为国家重大战略需求提供有力的支撑。

快速驯化育种
开辟全新育种方向

粮食安全是国家安全的重要基础。习近平总书记高度重视粮食安全问题，多次做出重要指示，强调“中国人的饭碗任何时候都要牢牢端在自己手中”。党的十八大以来，我国粮食产能稳步提升，粮食产量连续 7 年稳定在 6.5 亿吨以上，2021 年产量创历史新高，超过 6.8 亿吨，人均粮食占有量达到 483 千克，高于国际公认的 400 千克粮食安全线，做到谷物基本自给、口粮绝对安全。

党中央统筹部署“藏粮于地、藏粮于技”战略。2022 年 4 月 10 日，习近平总书记在海南省三亚市崖州湾种子实验室考察调研时强调：“种子是我国粮食安全的关键。只有用自己的手攥紧中国种子，才能端稳中国饭碗，才能实现粮食安全。种源要做到自主可控，种业科技就要自立自强。”

水稻是世界最主要的粮食作物之一，为全世界一半以上人口提供主粮。虽然中国在水稻育种领域已取得辉煌成就——“杂交水稻”这张中国科技名片享誉海外，但为应对全人类面临的更加严峻的粮食挑战，我们仍然迫切需要开辟新的育种方向。快速驯化育种，就是有望对世界粮食生产带来颠覆性革命的新的可行策略。

古老物种带来全新课题

农业文明是人类文明的核心，决定了人类文明的发展和进步。大约在 1 万年前的新石器时代，人类开始驯化野生植物，以满足对食物的需求。经过大约 6000 年的摸索，人类完成了对主要作物的驯化，人类社会实现了由采集渔猎型向农业文明型的伟大转变。我国是粟（谷子）、稷（黍子）、水稻、荞麦、大豆等多种作物的起源地。其中，水稻是最早在中国被驯化的作物之一，长江流域的先民至少在 7000 年前就开始种植水稻。在人类现代社会中，世界上近一半人口以稻米为主食。

华夏先民历经数千年驯化的水稻是二倍体栽培稻。真核生物以二倍体或不同形式的多倍体存在，现存植物中有超过 70% 的物种以多倍体的形式存在。与二倍体植物相比，多倍体植物由于基因组多倍化，在生物量、耐逆性、抗病虫性、适应性等方面均具有显著优势。在主要作物中，小麦、棉花、油菜、花生是典型的异源多倍体作物，甘薯和马铃薯是同源多倍体作物，而水稻为二倍体作物。

稻属至少包括 25 个野生种，其中 5 类为异源四倍体，分布在世界各地。在华夏先民的起源地只有二倍体野生稻祖先可

△ **异源四倍体野生稻与二倍体栽培稻**

作为驯化对象，那么能否利用现代生物育种技术，实现从多倍体野生稻到新型多倍体栽培稻的快速驯化呢？

迎难而上勇创科技前沿

将野生植物驯化为栽培作物，需要一系列形态性状和生理特性的改变。就水稻而言，普通野生稻具有匍匐生长、散穗、极易落粒、带刺长芒、低产、抽穗不整齐等特点。经过驯化的现代栽培稻具有直立生长、不易落粒、紧穗、短芒或无芒、高产、抽穗整齐等特点。从理论上而言，将多倍体野生稻驯化为栽培稻具有相似甚至相同的问题，需要明确决定这些关键性状的遗传基础；从技术上而言，多倍体野生稻的快速驯化具有野生资源选择、遗传背景解析、驯化性状与位点选择、遗传转化技术、基因组编辑技术等难题，可谓困难重重，一着不慎，满盘皆输。

面对这一重大科学问题和诸多技术难题，中国科学院遗传与发育生物学研究所植物基因组学国家重点实验室李家洋团队与合作者，设计并完成了异源四倍体野生稻快速从头驯化的框架图，包括野生资源的收集与筛选、建立从头驯化技术体系、分子设计与快速驯化和新型水稻作物推广应用四个阶段。

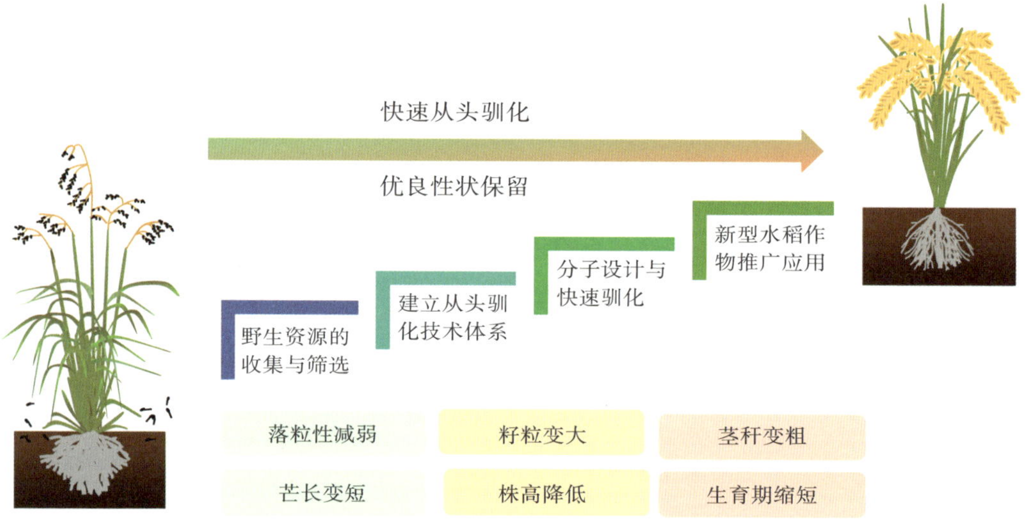

△ 野生稻驯化示意图

以异源四倍体野生稻快速从头驯化的策略为蓝图，李家洋团队与合作者首先确定具有最大生物量及最强胁迫抗性的目标材料，共收集 28 份异源四倍体野生稻资源，通过对组培再生能力、基因组杂合度及田间综合性状等进行系统考察，筛选出 1 份高秆野生稻资源，作为后续研究的基础，并将其命名为“多倍体水稻 1 号”（Polyploid Rice 1，即 PPR1）。PPR1 的生物量极大，株高、穗长、叶宽分别可达 2.7 米、48 厘米、5 厘米，但它也具备稀穗、粒小、芒长等典型未经过驯化的特征。

研究团队通过持续攻关，先后突破异源四倍体野生稻快速从头驯化三大技术“瓶颈”。

技术“瓶颈”一　建立多倍体水稻高效的组培再生与遗传转化体系，在获得 PPR1 具有较好的组培再生能力的基础上，进一步优化体系，最终实现遗传转化效率达到 80% 以上，转化苗再生效率达到 40% 以上。

技术“瓶颈”二　建立高效精准的基因组编辑技术体系，成功实现基因敲除、单碱基替换两种基因组编辑类型，并构建多基因编辑体系。

技术“瓶颈”三　建立高质量四倍体野生稻参考基因组，利用最新的测序技术及基因组组装策略，组装完成大小为栽培稻 2 倍左右的首个异源四倍体水稻参考基因组，共注释出 81421 个高可信度基因，并进一步系统分析了四倍体水稻的基因组特征。

在此基础上，李家洋团队又进一步在异源四倍体基因组中，注释了栽培稻中 10 个驯化基因及 113 个重要农艺性状基因的同源基因，系统分析其同源性，并对 PPR1 中控制落粒性、芒长、株高、粒长、茎秆粗度及生育期的同源基因进行基因编辑，最终成功创制出落粒性降低、芒长变短、株高降低、粒长变长、茎秆变粗、抽穗时间不同程度缩短的各种基因编辑源四倍体野生稻材料。

△ **在田间种植的异源四倍体野生稻**

“藏粮于技”为缓解全球粮食危机贡献中国力量

四倍体野生稻从头驯化初步成功，不仅证明了通过快速从头驯化将异源四倍体野生稻培育成为未来主粮作物的可行性，而且也为通过从头驯化其他野生和半野生植物而创制新型作物提供了重要参考。更重要的是，华夏先民历经数千年驯化的二倍体栽培稻将有可能逐渐被快速从头驯化培育的新型粮食作物取代，至少是部分取代。快速驯化育种领域的革命性突破，有望使未来的作物驯化实现以十数年时间走完几千年的驯化之路。

随着世界人口的快速增长，到 2050 年，全球粮食产量需要再增加 50% 才能完全满足需求。水稻是世界最主要的粮食作物之一，为全球一半以上的人口提供主粮。我国在四倍体野生稻从头驯化领域取得的成功，不仅有助于保障国家粮食安全，更将为缓解全球粮食危机贡献中国力量。

聚力

资源能源是经济社会发展的基石。习近平总书记站在人类文明永续发展的战略高度，多次就深入推进资源保护与治理、能源革命做出重要指示："绿水青山就是金山银山"；"保护生态环境就是保护生产力，改善生态环境就是发展生产力"；"统筹山水林田湖草沙系统治理"；"能源的饭碗必须端在自己手里"；"要深入推动能源革命，促进能源消费、供给、技术、体制改革，加强国际合作，加快建设能源强国"。我国做出实现碳达峰、碳中和的庄严承诺："中国将提高国家自主贡献力度，采取更加有力的政策和措施，二氧化碳排放力争于2030 年前达到峰值，努力争取 2060 年前实现碳中和。"

党的十八大以来，我国在生态保护和建设方面取得重大成效，生态功能较强的林地、草地、湿地、河流水面、湖泊等地类合计净增加1700 万公顷。"十三五"期间，中央财政投入 500 亿元在祁连山等地区开展了 25 个山水林田湖草沙一体化保护修复重大工程，全国完成造林 3600 万公顷，退耕还林 363 万公顷，森林覆盖率提高至 23.04%，草原综合植被盖度提高至 56.1%，治理沙化土地 1000 万公顷。

过去 10 年间，我国绿色低碳转型发展取得重要进展。我国可再生能源装机规模突破 10 亿千瓦大关，占全国发电总装机容量的比重超过 40%。其中，水电、风电、太阳能发电、生物质发电装机规模均居世界首位，清洁能源消费占比从 14.5% 提升至 25.5%，煤炭的清洁高效利用成效显著，煤电超低排放机组规模超过 10 亿千瓦，能效和排放水平全球领先。

除了人们传统认知中的资源能源，一种新型生产要素——数据，在经济社会发展中的作用日益凸显。数据被称为"信息时代的石油"，已成为一种重要的基础性、战略性资源。

党的十八大以来，习近平总书记多次强调要发展数字经济：2016年在十八届中央政治局第三十六次集体学习时强调要做大做强数字经济、拓展经济发展新空间；同年在二十国集团领导人杭州峰会上首次

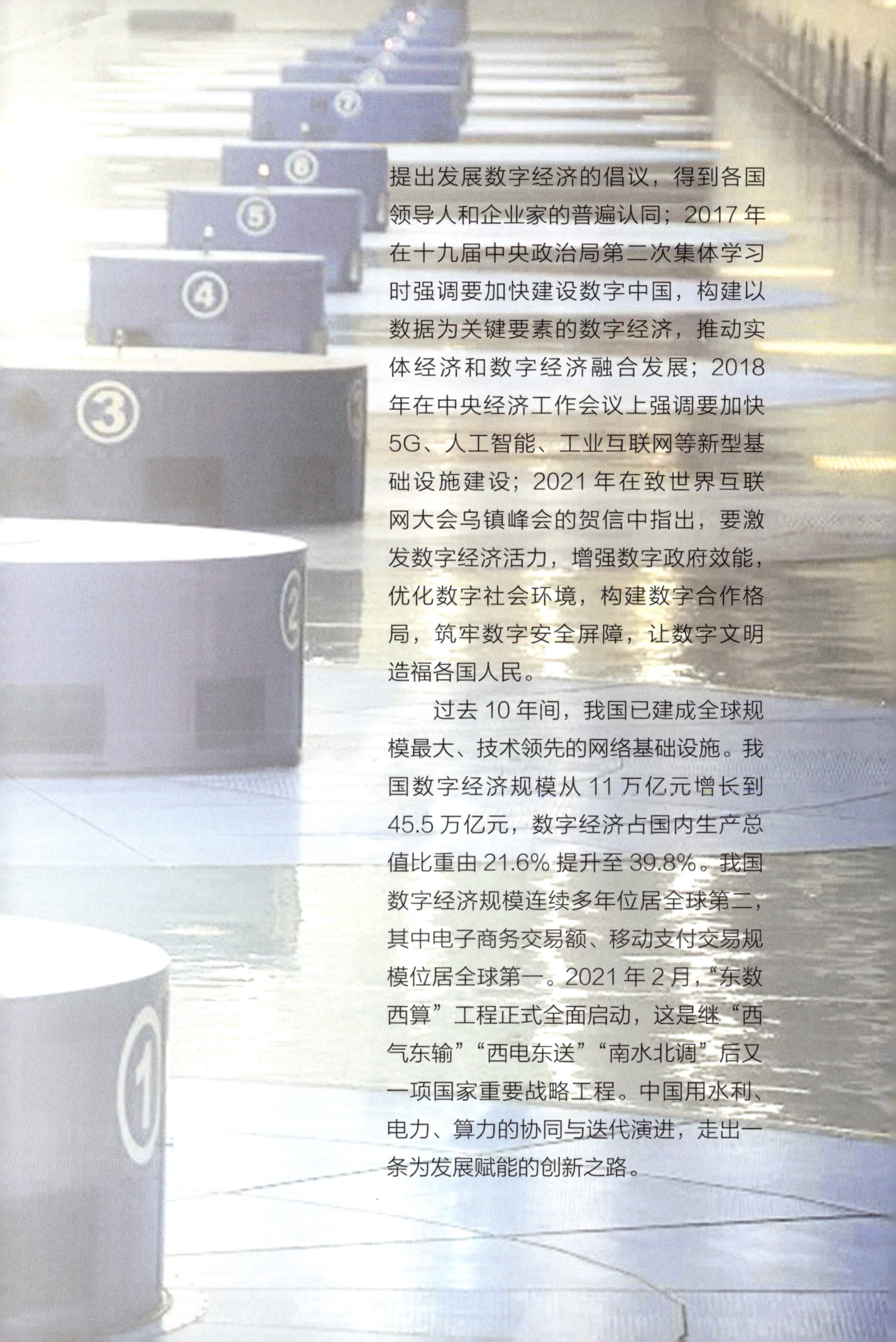

提出发展数字经济的倡议，得到各国领导人和企业家的普遍认同；2017 年在十九届中央政治局第二次集体学习时强调要加快建设数字中国，构建以数据为关键要素的数字经济，推动实体经济和数字经济融合发展；2018 年在中央经济工作会议上强调要加快 5G、人工智能、工业互联网等新型基础设施建设；2021 年在致世界互联网大会乌镇峰会的贺信中指出，要激发数字经济活力，增强数字政府效能，优化数字社会环境，构建数字合作格局，筑牢数字安全屏障，让数字文明造福各国人民。

过去 10 年间，我国已建成全球规模最大、技术领先的网络基础设施。我国数字经济规模从 11 万亿元增长到 45.5 万亿元，数字经济占国内生产总值比重由 21.6% 提升至 39.8%。我国数字经济规模连续多年位居全球第二，其中电子商务交易额、移动支付交易规模位居全球第一。2021 年 2 月，“东数西算”工程正式全面启动，这是继“西气东输”“西电东送”“南水北调”后又一项国家重要战略工程。中国用水利、电力、算力的协同与迭代演进，走出一条为发展赋能的创新之路。

“南水北调”架起
新时代“人间天河”

“南水北调”工程是我国实施的一项战略性水利工程，分东、中、西三条线路，工程规划的干线总长度达 4350 千米，规划区涉及人口 4.38 亿人，年调水规模 448 亿米^3。

党的十八大以来，南水北调东线、中线一期主体工程建成通水，已累计调水近 500 亿米^3，直接受益人口达 1.4 亿人。这项我国最大的水利工程，被誉为新时代的“人间天河”。

“南水北调”工程是缓解我国北方水资源短缺的战略性基础设施，分东、中、西三条线路进行规划，东线工程起点位于江苏扬州江都水利枢纽，供水区域涉及江苏、山东、安徽、河北、天津 5 个省（市）；中线工程起点位于汉江中上游丹江口水库，供水区域为河南、河北、北京、天津 4 个省（市）；西线工程的供水目标主要是解决青海、甘肃、宁夏、内蒙古、陕西、山西 6 省（区）的缺水问题。

“南水北调”工程方案构想始于 1952 年毛泽东主席视察黄河时。在历经分析比较 50 多种规划方案后，2002 年，国务院批复同意《“南水北调”工程总体规划》。“南水北调”工程规划区涉及人口 4.38 亿人，年调水规模 448 亿米^3。工程规

划的干线总长度达 4350 千米。目前已建成的东线、中线一期工程干线总长为 2899 千米，沿线 6 省（市）一级配套支渠约 2700 千米。

跨流域调水工程

目前，世界上已有超过 40 多个国家和地区建成了 350 多项调水工程，年调水规模超过 5000 亿米 ^{3}，约相当于中国长江多年平均径流量的一半。世界上的大型河流和湖泊，如非洲

的尼罗河，南美洲的亚马孙河，北美洲的五大湖、密西西比河和科罗拉多河，欧洲的多瑙河，亚洲的底格里斯河、幼发拉底河、印度河、恒河，大洋洲的墨累－达令河等，都有调水工程的踪影。

中国在很早以前就开挖沟渠引水灌溉，开凿运河运送货物发展贸易，这便是早期的调水工程。

据史料记载，前 486 年修建的引长江水入淮河的邗沟工程，是中国最早的跨流域调水工程，在很长一段时间内成为中国东部平原地区的水上运输大动脉。前 361 年开挖的鸿沟，沟通了黄河与淮河，成为黄淮间的主要水运交通线路。始建于前 256 年的都江堰水利枢纽灌溉成都平原，成就了四川“天府之

国”的美誉。前 214 年修建的灵渠，连接了长江与珠江水系，构成了遍布华东、华南的水运网。而 1400 多年前开凿的京杭大运河，更形成了连接海河、黄河、淮河、长江及钱塘江等多条河流的跨流域调水工程，对中国南北地区之间的经济、文化发展与交流，特别是对沿线地区工农业经济的发展起了巨大作用。

1949 年新中国成立后，特别是 1978 年改革开放以来，为解决缺水城市和地区的水资源紧张状况，除“南水北调”工程，还修建了 20 多项大型调水工程，如天津“引滦入津”、广东“东深供水”、山东“引黄济青”、甘肃“引大入秦”、山西“引黄入晋”、辽宁“引碧入连”、吉林“引松入长”、江苏“江水北调”等重要的调水工程。这些调水工程的建设，均为受水区提供了稳定可靠的水源，在推动区域经济发展、促进社会安定团结和改善生态环境等方面发挥着非常重要的作用，有力地支撑着社会和经济的快速发展。

“南水北调”　千里水脉

“南水北调”工程是党中央、国务院决策兴建的旨在缓解我国北方地区水资源严重短缺、优化水资源跨区域配置、改善生态环境、实现经济社会可持续发展的战略性基础设施。

工程分别在长江下游、中游、上游规划了 3 个调水区，形成了东线、中线、西线 3 条调水线路，联系长江、淮河、黄河、海河 4 大流域，工程全部实施后将构成我国中部地区水资源“四横三纵、南北调配、东西互济”的总体格局。

根据“南水北调”工程总体规划，3 条调水线路的年调水总规模为 448 亿米 ^{3}，其中东线 148 亿米 ^{3}，中线 130 亿米 ^{3}，西线 170 亿米 ^{3}。根据实际情况，3 条线路分期实施建设。

目前实施完成的是东线、中线一期工程。东线一期工程调水主干线全长 1466.5 千米，其主要任务是从长江下游调水到山东半岛和鲁北地区，补充山东、江苏、安徽等输水沿线地区的城市生活、工业和环境用水，兼顾农业、航运和其他用水，

多年平均抽江水量为 87.66 亿米 ^{3}。中线一期工程输水干线全长 1432.49 千米，其中总干渠（含北京段）1277.21 千米，天津干渠 155.28 千米。其主要任务是向华北平原包括北京、天津在内的 19 个大中城市及 100 多个县（市）提供生活、工业用水，兼顾生态和农业用水，多年平均年调水量为 95 亿米 ^{3}。

世界上最大的调水工程

“南水北调”工程是迄今为止世界上最大的调水工程，兼有公益性和经营性的超大型项目集群，工程建设和管理技术难度大，不仅涉及一般水利工程的水库、大坝、渠道、水闸，低扬程、大流量泵站，超长、超大洞径输水隧洞，压力输水管道，超大型渡槽、倒虹吸、暗涵（渠）、PCCP 等，还涉及膨胀土渠段处理，超大型水泵站和输水隧洞设计施工，超长距离调水，无调蓄条件下多闸门联合调度，新老混凝土结合的重力坝加高，多层交叉负荷地下地上施工，复杂情况下的调度系统信息处理等，在设计、建设、运行等方面，面临诸多挑战，许多硬技术和软科学都是世界级的，是水利学科与多个边缘学科联合研究的前沿领域。

这里有着许多世界和国内之最：世界距离最长的调水工程，受益人口最多的调水工程；东线泵站群工程是世界上规模

△ 中线惠南庄泵站

最大的泵站群；中线北京段西四环暗涵工程是世界首次大管径输水隧洞近距离穿越地铁下部；中线湍河渡槽工程是世界规模最大的 U 型输水渡槽工程。

中线穿黄工程隧洞面对诸多工程技术和管理方面难题的严峻挑战，国务院原南水北调办组织工程项目法人、运行管理单位、有关科研院所、高等院校等单位开展了包括国家重大科研项目在内的多项目、多层次、多专业、多领域的科学研究和技术应用工作。如：膨胀土地段渠道破坏机理及处理技术，膨胀土渠道边坡的处理措施、施工控制、关键技术；丹江口水库大坝加高过程中新老坝体结合处理技术，高水头作用下坝基帷幕灌浆技术；中线穿黄隧洞工程的隧洞结构，破坏机理及盾构施工技术、风险控制；渠道工程机械化施工技术；东线低扬程大流量水泵选型和制造技术；超大口径预应力钢筒混凝土管的制造、安装技术；北方地区冬季冰期输水安全以及长距离调水的自动化管理技术；梯级泵站（群）优化运行关键技术；河－渠－湖－库运行调控技术；苏鲁省际工程水量调控技术；水质差异的影响评价及应对措施；工程运行绩效管理技术；工程运行期维修养护新材料与新技术；工程运行预警和应急决策支持技术等。内容涉及水工结构、工程施工、水工材料、水力机械、水力学、水资源、管理、环境等诸多

△ 东线泗洪泵站

△ 中线沙河渡槽

△ 2016 年中线穿黄工程北岸竖井施工

△ 丹江口大坝

专业和领域。通过科技攻关和重大关键技术问题研究，及时解决了工程建设管理亟须解决的重大和典型工程建筑物的设计、结构、材料、施工技术与工艺、设备等技术难题，保证了工程建设质量、安全和进度，提高了工程建设的技术和管理水平，推动了相关科学的新进展，充分发挥了综合效益。

科技突破　成果斐然

“南水北调”工程科技工作取得了新产品、新材料、新工艺、新装置、计算机软件等大量科技成果，完成了“南水北调”专用技术标准 21 项（如丹江口水利枢纽混凝土坝加高施工技术规定与质量标准、渠道混凝土衬砌机械化施工技术规程、渠道混凝土衬砌机械化施工质量评定验收标准等），申请并获得国内专利上百项（如重力坝加高后新老混凝土结合面防裂方法、长斜坡振动滑模成型机、电动滚筒混凝土衬砌机、电化学沉积方法修复混凝土裂缝的装置等），大部分科研成果已应用到工程设计与施工中，对工程质量和进度起到了保障作用。

数十项科技研究成果获得了国家与省部级科技奖，如大型渠道混凝土机械化衬砌成型技术与设备获得国家科技进步奖二等奖；低扬程水泵选型关键技术及应用研究获水利部大禹水利科学技术奖二等奖；淮安四站泵送混凝土防裂方法研究与应用获水利部大禹水利科学技术奖三等奖；PCCP 输水阻力试验研

△ 架设中的中线沙河渡槽

△ 丹江口大坝加高混凝土浇筑

究获水利部大禹水利科学技术奖三等奖；中线一期工程长距离调配与运行获教育部科技进步奖一等奖等。

为适应黄河游荡性河流与淤土地基条件的特点，“南水北调”中线穿黄工程开创性地设计了具有内、外两层衬砌的两条长 4250 米的隧洞，内径 7 米，外层为厚 0.4 米拼装式管片结构衬砌，内层为厚 0.45 米钢筋混凝土预应力衬砌，两层衬砌之间采用透水垫层隔开，内、外衬砌分别承受内、外水的压力。这种结构形式在国内外均属先例，也是国内首例用盾构方式穿越黄河的工程。中线穿黄双线隧洞全线贯通，开创了我国水利水电工程水底隧洞长距离软土施工新纪录。

东线一期工程和中线一期工程分别于 2013 年 12 月和

△ 泵站设备调试

2014年12月正式通水。截至目前，工程累计调水超过500亿米^3，直接受益人口超过1.4亿人，已成为京津冀豫鲁地区受水区大中型城市的供水“生命线”，不仅保障了北方人民饮水安全，还从根本上改变了北方受水区的供水格局，供水保证程度大幅提升，水质、饮用口感大为改善，已发挥了巨大的社会、经济和生态效益。“南水北调”工程被誉为新时代的“人间天河”，工程将在很大程度上提高北方地区的水资源承载能力，遏制并改善日益恶化的生态环境，对保障北方地区经济社会的可持续发展、促进生态文明建设和“美丽中国”目标的实现，具有十分重大的意义。

△ **中线穿黄工程**

“西电东送”点亮
世界最大清洁能源走廊

“西电东送”就是把煤炭、水能资源丰富的西部省区的能源转化成电能，输送到电力紧缺的东部沿海地区。这一工程的实施，对于合理配置资源、优化能源结构、促进经济社会可持续发展具有重要意义。

2021 年 6 月 28 日，“西电东送”中部通道的标志性工程——金沙江白鹤滩水电站首批机组安全准点实现投产发电目标。白鹤滩水电站与葛洲坝、三峡、向家坝、溪洛渡、乌东德等水电站，共同构建起长江流域巨型梯级水电站体系，使长江流域成为世界最大的清洁能源走廊。

三峡工程驱动中国水电实现全球引领

1994 年，举世瞩目的三峡工程正式开工。2003 年，三峡大坝全线挡水，三峡电站首批机组投产发电，三峡船闸投入运行。2008 年，三峡工程开始 175 米水位试验性蓄水。通过科学调度、精益运行、精心维护，三峡电站年发电量突破 988 亿千瓦时，刷新单座电站年发电量世界纪录。截至 2021 年 6 月，三峡电站发电量累计超过 1.4 万亿千瓦时，三峡船闸通过逾 91 万艘次船舶、16 亿吨货物、1222 万人次旅客，水资源综合利用效率得到进一步提高。

通过三峡工程、溪洛渡、向家坝、白鹤滩、乌东德等一系列世界级水电站的建设和运营，中国水电行业攻克了一系列关键技术难题，实现了全领域、全过程自主创新，形成了全球领先的水力发电成套技术和综合运营管理能力。

大坝工程智能建造

在三峡工程引入三峡工程管理系统（TGPMS）信息系统筑坝的成功经验基础上，溪洛渡、乌东德等水电站建设进一步提出了“感知、分析、控制”的工程智能建造闭环控制理论，创建了大坝全景信息模型 DIM，实现了现代信息技术与工程

△ 三峡工程

建设技术的深度融合。通过研发应用协同管理平台 iDam，构建多要素、多维动态耦合分析模型，通过仿真分析、动态预测实体工程工作状态，达到工程全生命期性态可知可控；研发了成套智能装备和系统，实现了施工全过程“在线采集、动态分析、智能操作、预警预控”，为工程全生命期运维奠定坚实基础。大坝工程智能建造是工程建设技术、项目管理技术与现代信息技术深度融合的创新成果，实现了工程全生命期、全资源要素、全工艺流程、全建设过程的智能化管控，将大坝工程建设由传统模式向智能建设模式推进。依托智能建造技术建设的溪洛渡水电站，荣获素有“国际工程咨询领域诺贝尔奖”之称的菲迪克 2016 年工程项目杰出奖，成为当届全球 21 个获奖项目中唯一的水电项目。

巨型水电机组自主创新

借鉴三峡工程的成功经验，联合相关制造企业通过技术引进消化吸收再创新、集成创新与原始创新，构建产学研用相结合的技术创新体系，在高水头、大容量水电机组关键技术方面取得重大突破，形成世界领先的核心技术。通过三峡工程建设，我国具备了 700 兆瓦水电机组自主设计、制造和安装能力，我国水电装备制造业用 7 年时间实现了近 30 年的跨越式发展。溪洛渡、向家坝水电站在此基础上自主创新，实现了单机容量 800 兆瓦级水电机组的自主设计、制造和安装，以及

▽ 三峡电站机组

配套设备和原材料的国产化。针对乌东德、白鹤滩水电站进一步开展1000兆瓦水电机组科研攻关，历时10年取得丰硕成果，机组技术性能和可靠性指标达到了国际领先水平，中国企业具备了自主设计制造1000兆瓦水电机组的能力。

通过长江上游千万千瓦级梯级电站建设，中国水电装备在新技术、新材料、新工艺、新装备等方面升级换代，用20年时间走过了发达国家100年的发展历程，实现了三峡工程700兆瓦机组技术追赶、向家坝800兆瓦机组整体超越、白鹤滩1000兆瓦机组全面引领的三大跨越。中国水电装备已成为全球水电行业的响亮品牌，在服务“一带一路”建设、中国水电“走出去”进程中发挥着引领作用，产生了巨大的综合效益。

垂直升船机建造

三峡垂直升船机是三峡水利枢纽永久通航设施之一，其主要功能是为客轮、货轮提供快速过坝通道，并与双线五级船闸联合运行，提高枢纽的航运通过能力。三峡升船机设计通航船舶为3000吨，提升高度113米，提升重量15500吨，上/下游通航水位变幅分别为30米/11.8米，是目前世界上过船规模、提升高度、提升重量、通航水位变幅最大，综合技术难度最高的垂直升船机。三峡垂直升船机采用了“齿轮齿条爬升、长螺母柱－短螺杆安全保障机构、全平衡一级垂直升船机”的技术方案，确保在承船厢水漏空、地震等极端工况下，也不会

△ 游轮在升船机的承船厢中缓缓下降

发生承船厢坠落事故。通过引进消化吸收再创新，不断提升设计水平、制造技术、施工工艺和管理方法，攻克了齿条螺母柱等关键设备研制、大型超高钢筋混凝土塔柱结构施工、齿条螺母柱和船厢及其设备安装，以及升船机自动控制系统集成与调试等一系列技术难题，创造了 168 米高钢筋混凝土塔柱结构施工无裂缝、125 米齿条螺母柱安装垂直度小于 3 毫米、承船厢全行程全天候运行无卡阻、四个驱动点高程同步偏差小于 2 毫米的建设奇迹。三峡垂直升船机的建设，推动了我国重型机械制造业在冶炼、铸造、热处理、机加工、检测等技术领域的发展与创新，形成了一系列工艺、工法和技术标准，填补了我国巨型齿轮齿条爬式垂直升船机建造技术标准空白，标志着我国已掌握超大型升船机建设技术，齿条螺母柱、承船厢及其设备等大型部件制造达到国际领先水平，实现了从“中国制造”到“中国创造”的飞跃。

流域梯级水库群联合智慧调度

长江干流溪洛渡、向家坝、三峡、葛洲坝梯级巨型水库群实行联合智慧调度和运行管理，其调节库容 295.93 亿米^3，防洪库容 277.03 亿米^3，约分别占长江上游主要水库库容的 52% 和 76%，在长江流域综合管理中发挥着核心作用。

十余年来，溪洛渡——葛洲坝流域建立了一套集水雨情信

△ 溪洛渡水电站全景

息采集处理、水文气象预报制作、梯级水库联合调度方案编制、联合调度成果展示的智慧调度决策支持体系。建设了国内水电企业规模最大、功能最齐全的流域水雨情遥测系统，自建或共建共享的遥测、报汛站近 1000 个，控制长江上游流域面积约 58 万千米^2，实现了对流域内水雨情和水库信息的快速收集、存储和处理；建立了一套完备的气象水文预报系统，流域水文气象预报预见期长达 7 天，24 小时流量预报精度超过 98%，在国内同行业处于领先水平；建设了以地面光传输网通信为主和天上卫星通信为辅的信息高速公路，研发了流域梯级新一代智能水调自动化系统和巨型机组电站群远方“调控一体化”自动控制系统，梯级电站水能利用提高率超过 4%，形成

了长江流域水资源联合智慧调度运行核心能力，有力促进了长江“黄金水道”产生“黄金效益”。

“互联网 +”助力精准移民

中国水电开发企业针对水电工程移民地域广泛、人员众多、情况复杂等特点，开发了基于“互联网 +”的水电工程移民管理信息系统。该系统是国内乃至世界首个覆盖水电工程移民工作全生命周期的移民信息化协同管理平台，实现了基于遥感、地理信息和移民业务自适应管理模型的移民指标可核查、资金使用可追溯、安置实施效果可评价的时空变迁跟踪管理，开启了移民参与式管理的“互联网 + 公众服务”阳光化运作，

有效提高了政府工作的透明度、维护了广大移民群众的切身利益，对推动我国水电移民管理数字化、规范化起到了良好的引领和借鉴作用。

该系统目前在向家坝、溪洛渡等国内电站和巴基斯坦卡洛特、几内亚苏阿皮蒂等海外电站项目均取得良好应用效果，管理了 30 多万移民基础数据和数百亿移民资金，拥有用户单位 121 家、专业用户 842 名，移民自助查询用户达上万人、惠及库区 20 万移民群众，总访问量超过 80 万人次。

生态调度成效显著

在水电开发过程中，相关企业积极开展三峡——金沙江下游梯级水库群多功能生态调度研究，持续开展抗旱补水调度、汛期沙峰调度、库尾泥沙减淤调度、长江口压咸应急调度和促进鱼类自然繁殖的调度试验，发挥了三峡水库等作为巨大淡水资源库的重要作用，进一步拓展了长江流域梯级水库群的生态效益。

白鹤滩水电站打造中国水电“新名片”

白鹤滩水电站总装机容量 1600 万千瓦，仅次于三峡电站，位居世界第二；国产机组单机容量 100 万千瓦，位居世界第

△ **白鹤滩水电站大坝**

一。2021 年 6 月 28 日，白鹤滩水电站首批机组正式投产发电，习近平总书记对金沙江白鹤滩水电站首批机组投产发电发来贺信。

白鹤滩水电站是实施“西电东送”的国家重大工程，是长江防洪体系重要组成部分，是全面推动长江经济带发展、服务粤港澳大湾区建设的重要战略性工程，也是进一步巩固我国在世界水电引领地位的重要支撑性工程。

不畏艰难勇创新

在白鹤滩大坝的建基面，分布了大量柱状节理玄武岩。前期勘探时，专家们已经预测到这一地质构成不可避免，为了排除可能出现的重大地质隐患、选定最优坝址，经过近 50 年艰苦审慎的勘探、研究、比选，在悬崖峭壁上凿洞，在湍急河水中打孔，仅枢纽区河床钻孔就长达 20 万米，再综合考虑库区移民安置、环保、蓄水、拦沙等多重因素，最终才确定现有坝址并做好相应准备。开挖至一定程度后，发现坝基柱状节理玄武岩占比高达 40% 左右，无疑是世界级难题。

建设者们花了将近一年的时间研究对策。在大量实验研究、仪器监测分析后，进一步掌握了岩石分布情况和松散规律，决定提前采取预锚固、预灌浆等措施加固，并且尽量减少扰动。

白鹤滩坝顶弧长 709 米，拱坝厚度 63 米，扩大基础厚度 93 米，坝高 289 米，全面采用我国自主研制的新型低热水泥——低温硅酸盐水泥混凝土，总量逾 800 万米^3，保证大坝质量优良。

2017 年 4 月 12 日，白鹤滩水电站大坝主体开始混凝土浇筑。2021 年 5 月 31 日，白鹤滩水电站工程大坝全线浇筑到顶。这座 300 米级特高混凝土双曲拱坝，攻克了坝基柱状节理玄武岩等世界级难题，矗立于滔滔江水之中，承受世界级水推力而岿然不动，创造了世界坝工史上的奇迹。

守正出新辟蹊径

2021 年 6 月 28 日，白鹤滩水电站全球首批百万千瓦水轮发电机组安全准点投产发电。全球单机容量最大功率百万千瓦水轮发电机组的投产，标志着我国高端技术装备研制的重大突破。百万千瓦机组是里程碑式的跨越，完成了中国水电技术装备从跟跑到并跑直至领跑的最后一程。

技术进步的一个显著特征是产品迭代升级。国产水轮发电机组自新中国成立后得以快速发展，但仍与世界先进技术存在较大差距，到 20 世纪 90 年代中期，国内企业只有制造 30 万千瓦水轮机组的能力，而彼时开始建设的三峡工程将使用先进的 70 万千瓦水轮发电机组。在经历了引进消化吸收再创新的全部过程后，三峡右岸的国产化机组研制取得突破性进展，

△ **白鹤滩水电站机组**

中国水电技术装备开始从跟跑转向并跑。

在白鹤滩建水电站的设想自20世纪50年代开始。当年，在研讨白鹤滩水电站机组单机容量的时候，为稳妥起见，有专家提出采用2台100万千瓦机组，其余机组采用80万千瓦的方案，但最终决定：16台机组全部用国产百万千瓦水轮发电机组。

首先，能力具备。在水电机组制造上，对于三峡集团以及与其在高端水电技术装备制造方面常年合作的伙伴来说，采用单机容量100万千瓦的水电机组，已经具备条件。

其次，客观要求。白鹤滩地处V型河谷，两岸均为雄厚山体，复杂地质条件已带来一系列世界级难题。在枢纽建筑工程布置上，单机容量越大，机组台数就越少，地下洞室群、地下厂房的规模将更趋合理，稳定性、安全性也会更好。同时，在工程开挖量上，机组数量对应进水口数量，如果选择较小容量的机组，进水口沿线的明挖量陡增，会增加危险系数。

其三，资源禀赋。金沙江干流落差大，水流湍急，白鹤滩是高坝大库，水头高达200多米，从水能利用率来看，可以满足1600万千瓦的总装机容量。

而最重要的一条是，中国现代化经济社会发展需要与之相适应的大规模清洁电能的支撑，白鹤滩水电站是国家重大工程，“西电东送”骨干电源点，要满足远景发展电力需要。

但是，研制百万千瓦机组绝不是简单的尺寸放大，对总体技术、水力、电磁设计，24/26千伏线棒、通风冷却、推力轴承、结构钢强度、制造加工、原材料选用等关键技术，都须层层攻关。进入世界水电“无人区”之后，向前攀登的每一步，都需要巨大勇气和无穷智慧。

白鹤滩水电站与葛洲坝、三峡、向家坝、溪洛渡、乌东德等水电站，共同构建起长江流域巨型梯级水电站体系，使长江流域成为世界最大的清洁能源走廊。数据显示，白鹤滩水电站全面投产发电后，长江干流 6 座水电站总装机容量将达到 7169.5 万千瓦，年平均发电量约 3000 亿千瓦时，相当于每年减少二氧化碳排放 2.496 亿吨。这条清洁能源走廊输出的清洁能源，将产生巨大的生态、社会、经济等综合效益，铸就中国水电“新名片”。

“东数西算”助推国家算力跃迁

党的十八大以来，以习近平同志为核心的党中央把实施网络强国战略和国家大数据战略、加快建设数字中国作为举国发展的重大战略，出台一系列重大政策，做出一系列战略部署。

2012—2021 年，我国建成全球规模最大、技术领先的网络基础设施。我国数字经济规模从 11 万亿元增长到 45.5 万亿元，数字经济规模连续多年位居全球第二，为经济社会高质量发展注入强劲动能。2021 年 2 月，“东数西算”工程正式全面启动，这是继“西气东输”“西电东送”“南水北调”后又一项国家重要战略工程。2021 年我国算力核心产业规模达到 1.5 万亿元，算力规模位居全球第二。算力作为信息时代的关键生产力要素，成为挖掘数据要素价值、推动数字经济发展的核心支撑力和驱动力。

继物质与能源之后，信息（数据）成为人类社会生存和发展的第三大战略资源。以数字计算机发明为标志，信息科技蓬勃发展了数十年。信息科技及其在社会生活方方面面的应用，广泛并深刻地影响和改变了人类社会。

从 20 世纪 40 年代第一台数字计算机出现到 90 年代中期，信息化建设可归为以单机应用为主要特征的数字化阶段（可称为信息化 1.0），而第一次的信息化浪潮，始自 20 世纪 80 年代个人计算机的大规模普及应用。从 90 年代中期开始，以美国提出“信息高速公路”建设计划为重要标志，互联网开始了其大规模商用进程，带来了信息化建设的第二次浪潮，即以联

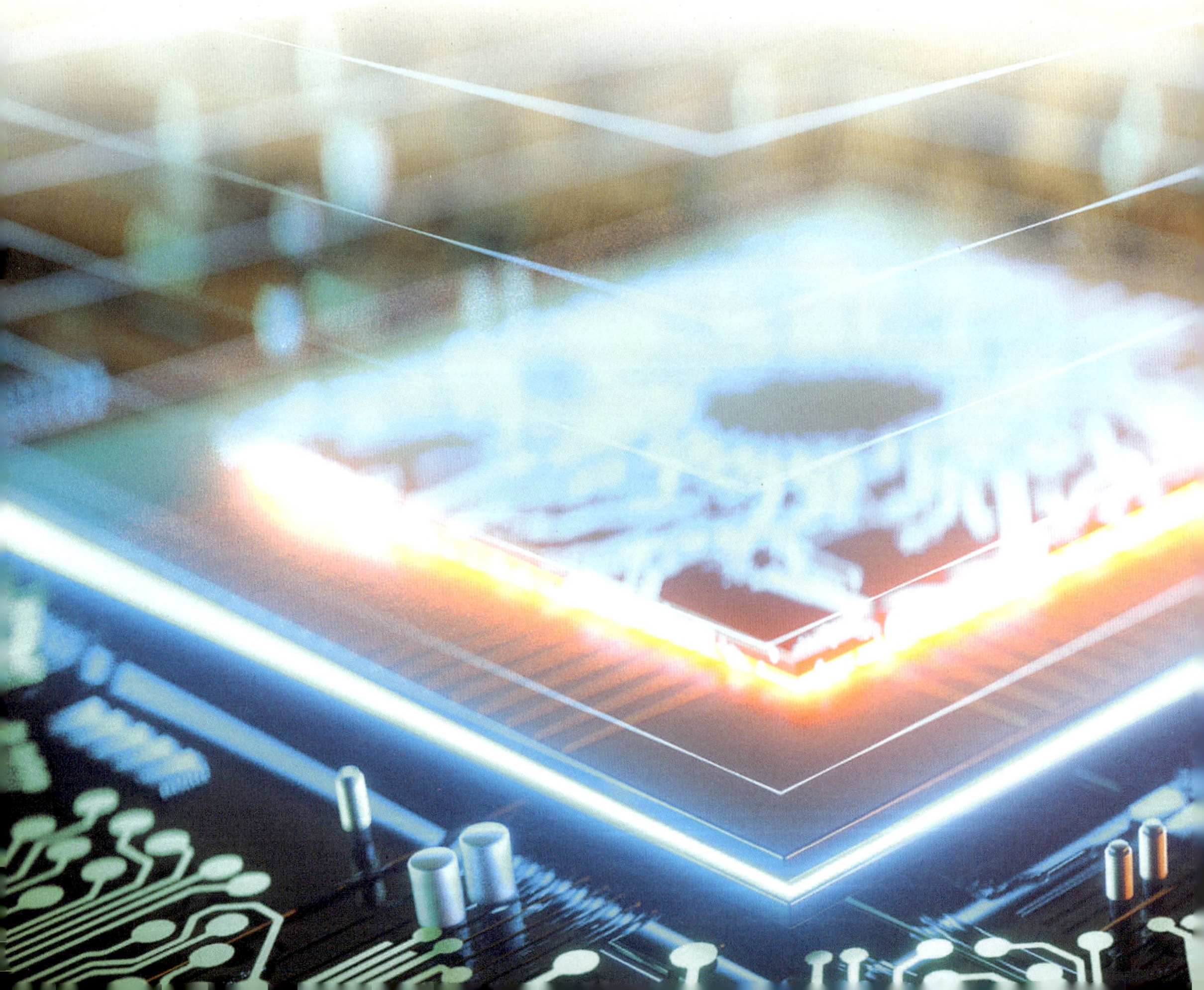

网应用为主要特征的网络化阶段（可称为信息化 2.0）。

当前，信息化建设的第三次浪潮扑面而来。过去 20 余年信息科技和信息化的井喷式发展，信息技术的不断低成本化与互联网及其延伸所带来的无处不在的信息技术应用，宽带移动泛在互联驱动的人机物广泛连接，云计算模式驱动的数据大规模汇聚，导致了数据类型的多样性和规模的指数级增长，积累了规模巨大的多源异构数据资源，产生了“大数据现象”。以此为标志，信息化正在开启一个新的阶段，即以数据的深度挖掘与融合应用为主要特征的智慧化阶段（可称为信息化 3.0）。

数据成为国家基础性战略资源

数据蕴含巨大的价值，具有重要的战略意义。在信息时代，没有数据参与社会或经济活动，已不可想象。数据源于人类认识自然、改造自然、推动社会经济发展的各类活动，信息技术推进数据的规范化和格式化，使数据不断升华为信息和知识，最终成为全人类的“数据宝藏”，又被重新投入到新一轮的各类社会经济活动中，创造出更大的价值。

数据的价值及意义体现在四个方面：

提供了人类认识复杂系统的新思维和新手段　数据为人类提供了基于大数据触摸、理解和逼近现实复杂系统的可能性，从而使数据密集型科研成为继实验科学、理论科学和计算科学之后，人类探索未知、求解问题的一种新型范式。

成为促进经济转型增长的新引擎　一方面，数据将大幅度促进产业转型、催生新业态；另一方面，对数据的采集、管理、交易、分析等业务也将成长为具有巨大潜力的新兴市场。

成为提升国家综合能力和保障国家安全的新利器 数据资源成为国家核心战略资产和社会财富，国家信息能力是重塑国家竞争优势的决定性因素。掌握数据并利用好数据将大幅提高情报收集和分析能力，促进国家安全。

成为提升政府治理能力的新途径 政府应用大数据技术将可以通过数据揭示政治、经济、社会事务中传统技术难以展现的关联关系，为有效处理复杂社会问题提供新的手段。

数字经济成为高质量发展新引擎

2022 年 1 月 16 日,《求是》杂志发表习近平总书记重要文章《不断做强做优做大我国数字经济》，文章提出了数字经济健康发展的“三个有利于”：有利于推动构建新发展格局，有利于推动建设现代化经济体系，有利于推动构筑国家竞争新优势。

我国在 1994 年 10 月 20 日第一次联通互联网，向世界发出了第一封电子邮件：Across the Great Wall，we can reach every corner in the world（越过长城，走向世界），由此揭开了中国人使用互联网的序幕。

2008 年，我国网民数量首次超过美国跃居世界第一。2011 年，手机网民数量首次超越计算机网民，进入移动互联网时代。目前，我国已建成全球规模最大的光纤宽带和 5G 网络。截至 2022 年 5 月底，5G 基站数达到 170 万个，5G 移动电话用户超过 4.2 亿户。

中国信息通信研究院发布的《全球数字经济白皮书（2022 年）》指出，数字经济为世界经济发展增添了新动能。从整体看，2021 年，全球 47 个国家数字经济增加值规模为 38.1 万亿美元，占 GDP 比重为 45.0%。其中，发达国家数字经济规模大、占比高，2021 年规模为 27.6 万亿美元，占 GDP 比重为 55.7%；发展中国家数字经济增长更快，2021 年增速达到 22.3%。

各主要国家数字经济加速发展。规模上，美国数字经济蝉联世界第一，规模达到 15.3 万亿美元，中国位居第二，规模为 7.1 万亿美元（2020 年为 5.4 万亿美元）。

过去的 10 年间，我国数字经济占国内生产总值比重由 21.6% 提升至 39.8%。我国数字经济规模连续多年位居全球第二，其中电子商务交易额、移动支付交易规模位居全球第一，一批网信企业跻身世界前列，新技术、新产业、新业态、新模式不断涌现，推动经济结构不断优化、经济效益显著提升。

习近平总书记强调，要加强战略布局，加快建设以 5G 网络、全国一体化数据中心体系、国家产业互联网等为抓手的高速泛在、天地一体、云网融合、智能敏捷、绿色低碳、安全可

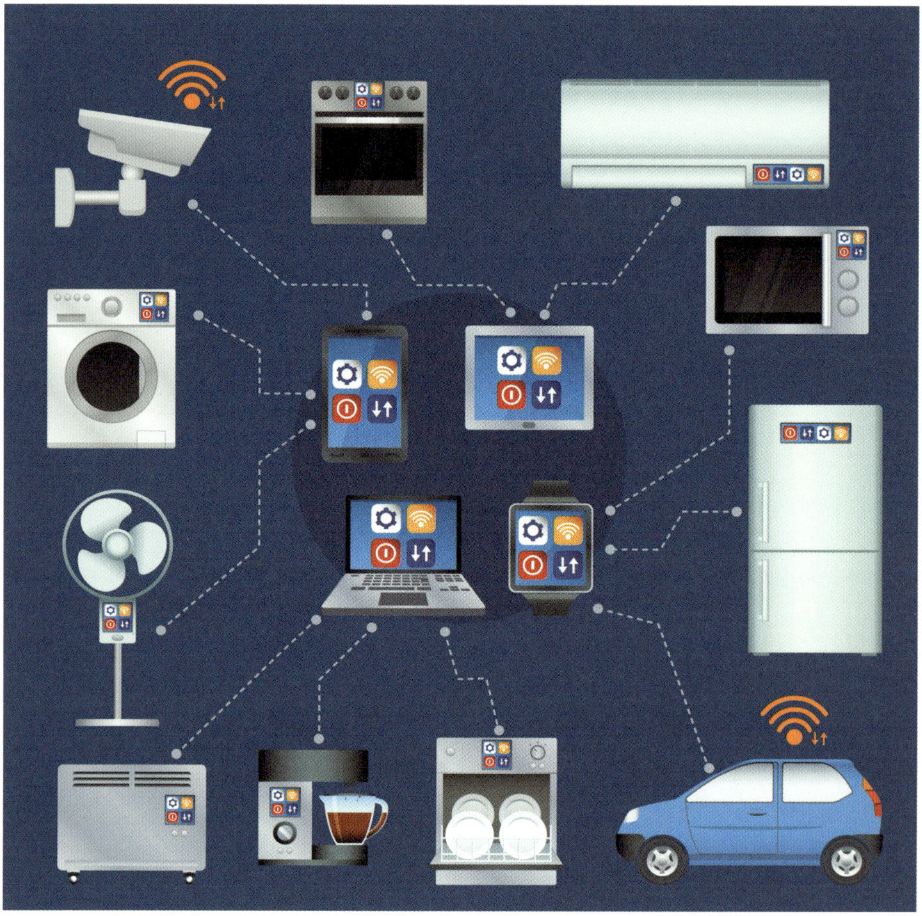

△ 智慧生活

控的智能化综合性数字信息基础设施，打通经济社会发展的信息“大动脉”。目前，我国已建成全球规模最大的光纤宽带和5G 网络。

10 年来，我国信息领域核心技术创新取得了一系列突破性进展。集成电路、基础软件、工业软件等关键核心技术的协同攻关力度持续加大，基础性、通用性技术研发实现创新突破，5G、量子信息、高端芯片、高性能计算机、操作系统、工业互联网及智能制造等领域取得一批重大科技成果。

△ 2018 年，徐工集团建成全球首条起重机转台智能焊接生产线

△ 信息技术与农业深度融合

“东数西算”助推国家算力跃迁

算力作为新生产力，正在加速数字经济和实体经济深度融合，不断催生新产业、新业态、新模式，成为发展现代经济的新动能。联合国贸易和发展会议发布的《2021 年数字经济报告》指出，全球 50% 以上的超大规模数据中心位于美国和中国。

2022 年 2 月，国家发展改革委、中央网信办、工业和信息化部、国家能源局联合印发通知，同意在京津冀、长三角、粤港澳大湾区、成渝、内蒙古、贵州、甘肃、宁夏 8 地启动建设国家算力枢纽节点，并规划了 10 个国家数据中心集群。“东数西算”工程正式全面启动。

“东数西算”中的“数”，指的是数据，“算”指的是算力，即对数据的处理能力。“东数西算”工程通过构建数据中心、云计算、大数据一体化的新型算力网络体系，将东部算力需求有序引导到西部，优化数据中心建设布局，促进东西部协同联动。

与“西气东输”“西电东送”“南水北调”等工程相似，“东数西算”是一个国家级算力资源跨域调配战略工程，针对我国东西部算力资源分布总体呈现出“东部不足、西部过剩”

的不平衡局面，引导中西部利用能源优势建设算力基础设施，“数据向西，算力向东”，服务东部沿海等算力紧缺区域，解决我国东西部算力资源供需不均衡的现状。

“东数西算”工程将算力资源提升到水、电、燃气等基础

资源的高度，统筹布局建设全国一体化算力网络国家枢纽节点，助力我国全面推进算力基础设施化。算力，这种新生产力的跃迁，将极大改变人类的生产生活方式，驱动经济社会发生深刻变革。

登极

南极、北极和青藏高原，被称为“地球三极”。在人们的普遍认知中，地球三极是人迹罕至的世外桃源，也是蒙着神秘面纱的地球秘境。其实，人类早在旧石器时代就已经踏足极地，对极地的探险和科考活动也已有数千年的历史。

2013 年以来，习近平总书记就青藏高原生态环境多次做出重要指示:“保护好青藏高原生态就是对中华民族生存和发展最大的贡献”，“守护好世界上最后一方净土”。2017 年 8 月 19 日，习近平总书记在致青藏高原综合科学考察研究队的贺信中，要求“聚焦水、生态、人类活动，着力解决青藏高原资源环境承载力、灾害风险、绿色发展途径等方面的问题，为守护好世界上最后一方净土、建设美丽的青藏高原作出新贡献，让青藏高原各族群众生活更加幸福安康”。

2017 年 1 月 18 日，习近平总书记在联合国日内瓦总部发表主旨演讲《共同构建人类命运共同体》，提出要以人类命运共同体为引导，把深海、极地、外空、互联网等领域打造成各方合作的新疆域，

并提出新疆域治理的“和平、主权、普惠、共治”四原则。

党的十八大以来，我国对地球三极的探索取得累累硕果。我国在南北极地区开展了多次科学考察，围绕气候变化与环境保护，开展了冰雪、水文、气象、海冰、生物、生态、地球物理等多领域研究。2017 年 8 月 19 日，第二次青藏高原综合科学考察研究在拉萨启动。围绕亚洲水塔动态变化与影响等 10 大科学考察研究任务，第二次青藏科考进行了多圈层、多学科、全要素的综合研究，采用了系留浮空艇、无人机、水下机器人、直升机等技术手段，初步建成了“山水林田湖草沙冰”一体化保护与系统治理地球系统科考平台。

地球三极虽“偏居一隅”，却对全球气候变化和生态平衡产生着重要影响。人类对极地的探索，不仅是对地球之巅的探索，更是对科学之巅、生命之巅的探索。这些“牵一隅而动全局”的科研成果，成为人类命运共同体走向生态文明的攀登之梯。

△ **中国南极中山站全景**（董剑 / 摄）

青藏高原科考探秘地球之巅

青藏高原是世界屋脊、亚洲水塔、地球第三极，是我国重要的生态安全屏障、战略资源储备基地，是中华民族特色文化的重要保护地。2020 年 8 月 28—29 日，习近平总书记在中央第七次西藏工作座谈会上指出，保护好青藏高原生态就是对中华民族生存和发展的最大贡献。要牢固树立绿水青山就是金山银山的理念，坚持对历史负责、对人民负责、对世界负责的态度，把生态文明建设摆在更加突出

的位置，守护好高原的生灵草木、万水千山，把青藏高原打造成为全国乃至国际生态文明高地。

2017 年 8 月 19 日，第二次青藏高原综合科学考察研究启动。这次科学考察研究，对揭示青藏高原环境变化机理、优化生态安全屏障体系、推动青藏高原可持续发展、推进国家生态文明建设、促进全球生态环境保护，产生意义深远的影响。

青藏高原是地球上最年轻、海拔最高、面积最大的高原。它西起帕米尔高原和兴都－库什、东到横断山脉，北起昆仑山和祁连山、南至喜马拉雅山区，主体平均海拔超过 4000 米，是“亚洲水塔”，也是亚洲环境变化的调控器，在我国国防安全建设、气候系统稳定、水资源供应、生物多样性保护、生态系统安全等方面具有重要的屏障作用。

作为地球上最独特的区域之一，青藏高原也是开展地球与生命演化、圈层相互作用及地球系统研究的天然实验室。开展青藏高原综合科学考察研究（简称青藏科考）是保障国家安全、生态安全和决胜全面建成小康社会的必然要求，作为一项国家战略任务，得到党中央、国务院的高度重视。

第一次青藏科考：摸清“家底”

20 世纪 50 年代，我国制订的《1956—1967 年科学技术发展远景规划纲要》将青藏高原研究作为重要内容之一。70 年代，中国科学院组织院内外专家制订了《中国科学院青藏高原 1973—1980 年综合科学考察规划》，并组建了中国科学院青藏高原综合科学考察队。这拉开了我国第一次青藏科考的序幕。

第一次青藏科考以摸清“家底”为主要目标，考察面积

▽ 青藏高原巴朗山雪山河云海全景

约 250 万千米^2，中心任务是：阐明高原地质发展的历史及隆升的原因，分析高原隆起后对自然环境和人类活动的影响，研究自然条件与自然资源的特点及其利用改造的方向和途径。

这次综合科考组织了冰川、冻土、河流、湖泊、森林、草原、土壤、土地利用、鸟类、鱼类、哺乳类、两栖类、昆虫、农业、地球物理、地质构造、古生物、地热、盐湖等不同专业领域的 2000 多名科研人员投入到研究中。为促进青藏高原研究的国际交流合作，于 1980 年在北京召开了首次“青藏高原国际科学讨论会”。

第一次青藏科考获得了累累硕果，产出了 87 部专著和 5 本论文集，初步探讨了有关青藏高原形成演化与资源环境等理

论问题，为青藏高原经济建设提供了科学依据。相关成果先后获中国科学院科学技术进步奖特等奖、国家自然科学奖一等奖和陈嘉庚地球科学奖；在青藏科考中做出重大贡献的刘东生院士、叶笃正院士、吴征镒院士等先后荣获国家最高科学技术奖。

进入20世纪90年代，青藏高原研究先后被列入“八五”攀登计划、“九五”攀登计划和“国家重点基础研究计划”。与80年代以前的研究工作相比，特别是针对过去区域、路线考察的薄弱环节，这些计划面向国际研究的前沿领域，强调了从以定性研究为主转向定量、定性相结合研究，从静态研究转向动态、过程和机制研究，从单一学科研究转向综合集成研究，从区域研究转向与全球环境变化相联系的研究。

2003年，中国科学院青藏高原研究所成立，专门致力于我国青藏高原的科学研究事业。2014年，中国科学院青藏高原地球科学卓越创新中心成立。青藏高原研究所和青藏高原地球科学卓越创新中心高水平完成了《西藏高原环境变化科学评估》，在中央第六次西藏工作座谈会上被高度评价，并作为提出西藏生态文明建设指示的重要科学基础。

国家对青藏高原研究的高度重视极大地鼓舞了科技人员献身青藏高原事业、勇攀科学高峰、为国争光的积极性。在中国科学院的支持下，“第三极环境（TPE）”国际计划启动，推动我国青藏高原研究进入国际第一方阵。

第二次青藏科考：聚焦变化

自第一次青藏科考开展以来的近 50 年，青藏高原自然与社会环境发生了剧烈变化，气候变暖幅度是同期全球平均值的 2 倍，青藏高原成为全球变暖背景下环境变化不确定性最大的地区；青藏高原生态环境和水循环格局的重大变化，如冰川退缩、冻土退化、冰湖溃决、冰崩、草地退化、泥石流频发等对人类生存环境和经济社会发展造成了重大影响。青藏高原作为“一带一路”环境变化的核心驱动区，将对“一带一路”沿线 20 多个国家和 30 多亿人口的生存与发展带来巨大挑战。

▽ 银装素裹的喜马拉雅山脉

进入新时代，系统开展第二次青藏科考，注重综合交叉研究，加强协同创新和国际科技合作，将为“守护好世界上最后一方净土”“建设美丽的青藏高原”和绿色丝绸之路提供重要科技支撑。青藏高原问题既是区域问题，又是影响全国乃至全球的重大问题；既是生态环境问题，更是关乎经济社会和民族发展的重大问题。

第二次青藏科考坚持“目标导向、集成力量、查明变化、支撑发展”的方针，发扬老一辈科学家艰苦奋斗、团结奋进、勇攀高峰的精神，锻造新时代青藏科考精神，围绕青藏高原地球系统变化及其影响这一关键科学问题，聚焦隆升与资源环境效应、资源环境承载力、“亚洲水塔”变化与影响、西风－季风协同作用与影响、生态屏障优化、人类活动对环境影响与适应、灾害风险防治等重点问题，重点考察研究过去50年来变化的过程与机制及其对人类社会的影响，揭示青藏高原地球系统变化机理，优化青藏高原生态安全屏障体系，提出“亚洲水塔”与生态安全屏障保护、第三极国家公园群建设和绿色发展途径的科学方案。

第二次青藏科考在第一次青藏科考的基础上，突出以变化为主题的考察研究，摸清变化规律，评估与预测未来变化趋势；强化科考成果的转移转化、科考数据的共享集成和产学研融合，支撑区域经济社会高质量发展；开拓国际视野，开展广域联动研究，服务全球生态环境保护和人类命运共同体建设。为实现上述目标，第二次青藏科考开展“亚洲水塔”动态变化

△ 喜马拉雅山脚风光

与影响等 10 大科学考察研究任务，组建若干个专题科考分队，开展 5 大综合考察研究区内 19 个关键区的科学考察研究。

第二次青藏科考充分体现了新时代“智能科考”的特点，建立空－天－地观测研究网络体系，充分采用卫星、高海拔自动科考机器人、互联网、大数据处理与超级计算等新技术、新手段和新方法，从流动式观测到长期固定观测，从静态观测到动态监测，从人工观测到智能辅助观测，不断提高科考效率，助力川藏铁路、青藏铁路、川藏公路等重大工程建设、经济社会发展和国家重大战略任务实施。同时，第二次青藏科考充分利用以我为主的“第三极环境（TPE）”国际计划，加强和区域伙伴及国际联盟顶尖科学家的合作，引领第三极地球系统科学研究，推动青藏高原可持续发展，服务国家生态文明建设，促进全球生态环境保护。

雪龍 2
XUE LONG 2

“双龙探极”为极地科考带来新突破

2014 年 11 月 18 日，习近平总书记在出访途中登上正在执行中国第 31 次南极科考任务的“雪龙号”科考船，向科考队员表示慰问，指出“南极科学考察意义重大，是造福人类的崇高事业”。在习近平总书记 2020 年新年贺词中，“雪龙 2 号”首航南极成为彰显中国风采、中国力量的科技成就之一。

从 1984 年 12 月中国极地科学考察队建立中国第一个南极科学考察站开始，几十年间，已有上千名科研人员登陆地球两极，在极地科研领域深入研究。“雪龙 2 号”是我国自主建造的第一艘极地科考破冰船，自 2019 年 7 月交付使用以来，已历经多次人考，极大地提升了我国极地考察的硬实力，与“雪龙号”共同构建起极地考察“双龙探极”新格局，实现了我国极地考察现场保障和支撑能力的新跨越。

“双龙”成长记

我国极地科学考察队于 1984 年首次出征南极时，我国还没有自己的破冰船，仅靠普通船只承担极地探索任务。9 年后，我国从乌克兰购买了一艘尚未完工的北冰洋运输补给船，经多次改造，成为我国唯一一艘极地科考破冰船——“雪龙号”。后来由于功能老化，这艘功勋船已不能胜任我国极地科考的艰巨任务。

2015 年 12 月，新建极地科学考察破冰船建设项目获国家发展改革委正式批复。2016 年 12 月 20 日，第一块钢板在江南船厂完成点火切割，我国自主建造的第一艘极地科学考察破冰船正式开工建造。

2017 年 9 月 26 日，项目进入连续建造阶段。建造过程采用模块化方案，类似积木拼搭。一张张钢板被焊接成模块，逐步有序拼接，装载主要设备，再将模块搭建成完整的船舶。

2018 年 3 月 28 日，初现规模的“雪龙 2 号”艉部总段入坞，开展坞内的建造工作，包括船舶形成、舾装安装、油漆喷涂等相关工作。9 月 10 日，“雪龙 2 号”下水。

2019 年 1 月，随着第一缕烟雾从烟囱排放，“雪龙 2 号”主机成功启动！5 月 31 日至 6 月 15 日，“雪龙 2 号”在我国

△“雪龙 2 号”开展船舶航行试验

东海海域进行常规船舶海上航行试航。7 月 11 日，“雪龙 2 号”正式交付自然资源部，并加入我国极地考察序列。8 月 15 日至 9 月 18 日，“雪龙 2 号”赴南海海域执行试航任务。

2019 年 10 月 15 日至 2020 年 3 月，“雪龙 2 号”首航南极，执行中国第 36 次南极考察任务，正式开启极地探索之旅。

“雪龙 2 号”船长超过 120 米，船头形似一个破冰的锤头，可以 2 ~ 3 海里 / 时的速度在 1.5 米厚的冰层中连续“行走”。它的续航力达到 2 万海里，在额定人员编制的情况下，中途不

△“雪龙 2 号”开展南海科考试航

△“雪龙 2 号”在南极执行考察任务

补给，最长可以在海上连续活动 60 天。它的双向破冰技术，使得船头、船尾不论是正向行驶还是倒退时，都可破冰，成为名副其实的“神兵利器”。

“雪龙 2 号”的命名人——中国科学院院士陈大可，在命名词中这样写道：

愿你：承续永恒的南极精神，满载极地人和祖国的期许，承载起极地求索的使命与担当，承载起兴海强国的光荣与梦想，面向南北两极，劈波斩浪，破冰前行，顺利平安！

△ 航行中的“雪龙 2 号”

人类的南极探险之路

南极远离尘世的喧嚣，孤独地伫立在地球的最南端，是地球上最遥远、最孤独的大陆。它严酷的奇寒和万年不化的冰雪，长期以来拒人类于千里之外。

早在15世纪末，就有航海家寻找南极大陆的记录。1772—1775年，英国库克船长领导的探险队在南极海域进行了多次探险，但并未发现任何陆地。1819年，英国的威廉·史密斯船长发现南设得兰群岛。1821年，美国人约翰·戴维斯乘船在南极半岛北端的休斯湾登陆。这是人类第一次登上南极大陆，从此开始了人类对南极大陆的探险活动。1911年，以挪威科学探险家罗纳尔·阿蒙森为领队的探险队到达南极点，成为第一批到达南极点的探险家。

△ 帝企鹅（陈松山／摄）

1928年11月26日，英国的威尔金斯爵士驾机从迪塞普申岛起飞，首次在南极半岛进行了长距离飞行，开辟了南极航空探险新纪元。1928—1930年，美国的伯德在惠尔湾内建立了小美洲基地，1929 年 11 月首次飞入南极内陆，环绕南极点飞行。这是首次飞越南极点的空中探险。

20 世纪 50 年代后，南极探险科考活动进入高潮。1959 年 12 月 1 日，美国、苏联、英国、澳大利亚、新西兰、法国、挪威、比利时、日本、阿根廷、智利和南非 12 国在美国华盛顿签署了《南极条约》。条约规定，南极只能用于和平目的，各国可以自由地进行科学研究，不承认任何国家对南极的领土要求。

中国人——南极的“迟到者”

对于南极，中国是位“迟到者”。从 1957 年的国际地球物理年开始，发达国家广泛介入南极科学考察，并在全球掀起了南极热。当时，中国著名气象学家、地理学家、中国科学院副院长竺可桢院士提出：地球是一个整体，中国自然环境的形成和演化是地球环境的一部分，极地的存在和演化与中国有着密切的关系。1962 年，在制订全国科学技术发展规划时，一些科学家提议中国要进行南极科学考察工作。1964 年，在新成立的国家海洋局的任务中，就有“将来进行南、北极海洋考察”的设想。

△ 中国人首次登陆南极

1978 年的改革开放拉开了中国对内改革的大幕，也为中国的南极事业提供了发展机遇。1980 年 1 月，中国首次派出两名科学家赴澳大利亚的南极凯西站，参加澳大利亚组织的南极考察活动，从而揭开了中国极地考察事业的序幕。1981 年 5 月，中国成立了国家南极考察委员会及其办事机构南极办公室。1983 年 5 月 9 日，全国人大常委会批准中国加入《南极条约》的决议。

1984 年 11 月 20 日，由“向阳红 10 号”科学考察船和“J121”打捞救生船组成的中国首次南极考察编队从上海国家海洋局东海分局码头起航，12 月 26 日抵达南极洲南设得兰群岛乔治王岛的麦克斯韦尔湾。此次南极科学考察包括两大部分：南极建站及南极洲、南大洋科学考察。中国首次南极考察队共有航海人员、科学工作者及建筑施工人员591名。当地时间1985年2月14日22点（北京时间15日上午10点），中国南极长城站的建设全部完成，我国第一个南极考察站崛起在南极洲乔治王岛。

1985年10月7日，中国正式成为《南极条约》协商国。1986年，中国加入南极研究科学委员会。1989年2月，中国在东南极大陆伊丽莎白公主地的拉斯曼丘陵地区建立了第二个南极科考站——中山站，这也是中国在南极大陆建立的第一个科考站。

吹响新时代南极考察的号角

经过数十年的不懈努力，我国的南极事业在考察站基础设施、科研装备、科学研究等方面取得了长足发展，综合实力已达到国际中等以上水平，成为建设海洋强国战略的重要组成部分。

考察站基础设施得到快速提升

长城站和中山站的持续能力建设成效显著，支撑保障和基

△ **中国南极中山站全景**（董剑 / 摄）

地枢纽作用显著提升。长城站经过数次扩建，各类设施和活动规模在乔治王岛地区现有考察站中稳居第二位。中山站建有气象观测场、固体潮观测室、地震地磁绝对值观测室、高空大气物理观测室等，从 1996 年开始，中山站多次为内陆冰盖考察和格罗夫山考察提供保障，成为我国在南极最重要的科研和后勤支撑基地。

2005 年 1 月 18 日，中国第 21 次南极考察队从陆路实现了人类首次登顶冰穹 A。2009 年 1 月 27 日，我国首个南极内陆站——昆仑站在南极内陆冰盖最高点冰穹 A 西南方向约 7.3 千米处建成，成为世界第六个南极内陆站。从科学考察的角度看，南极有四个最有地理价值的点，即极点、冰点（即南极气温最低点）、磁点和高点。美国在极点建立了阿蒙森－斯科特

△ **中国南极昆仑站举行元旦升国旗仪式**（胡正毅 / 摄）

站，俄罗斯在冰点建立了东方站，法国在磁点建立了迪蒙·迪维尔站，当时只有冰盖高点冰穹 A 尚未建立科考站。昆仑站的建成，实现了中国南极考察从南极大陆边缘向南极内陆扩展的历史性跨越。

2014 年 2 月 8 日，南极泰山站在伊丽莎白公主地正式建成，成为中国在南极建立的第四个科考站。该站是一座内陆考察的度夏站，可满足 20 人度夏考察生活，建筑面积达到 1000 米^2，使用寿命 15 年，配有固定翼飞机冰雪跑道。

2018 年 2 月 7 日，经过第 34 次南极考察队 20 多天的连续施工，中国第五个南极科考站——罗斯海新站在南极恩克斯堡岛正式选址奠基。该站为常年考察站，目前完成了临时建筑和临时码头的搭建工作。

△ 中国南极泰山站

△ 中国南极罗斯海新站临时建筑

科研装备水平大幅提高

长城站的科考设备全年可进行气象学、高层大气物理学、电离层、地磁和地震等项目的常规观测，夏季还可进行地质学、地貌学、地球物理学、冰川学、生物学、环境科学、人体医学和海洋科学等现场科考工作。

中山站2011年建成高空物理观测栋，目前已建立了较为系统和极具特色的电离层、极光、地磁等高空大气物理观测体系，实现了对极区高空大气、空间环境的连续监测，并与北极黄河站形成极区共轭对，开展南北极空间环境对比研究。

2013年1月21日，昆仑站的深冰芯钻机成功钻取一根长达3.83米的冰芯，标志着我国深冰芯科学钻探工程“零的突破”。目前，钻探总深度超过 800 米，记录了过去 4 万年以来的地球气候环境演化信息。昆仑站配置的两台大视场、全自动 AST3 天文望远镜，具有极端环境下的超高精度跟踪、无人值守、高可靠性特点，初步形成具有国际水准的准空间环境巡天望远镜阵列。

△ **考察队员对巡天望远镜进行维护**（杨世海 / 摄）

△ **考察队员和深冰芯样品**（胡正毅 / 摄）

自 1998 年 12 月中国南极考察队首次抵达格罗夫山地区进行地质、冰川、测绘和陨石采集等综合科考活动以来，我国现已实施 7 次格罗夫山考察，收集各类陨石超过 1.2 万块，稳居世界第三位，布置了蓝冰消融速度探测网阵和地震观测台，利用冰雷达探测获得了大量的冰厚及冰下地形信息。

“雪龙号”极地考察船现已安全运行近 30 年，经过 3 次系统改造具备了较强的综合保障能力，拥有科研数据处理中心

△ **考察队员在格罗夫山**（方爱民／摄）

和大气、生物、物理、化学等实验室，实验室面积约570米^2，配备有垂向微结构剖面仪，动态海空重力仪，深海多波束、流式细胞仪等多学科调查设备。该船2017年加装的深水多波束测量系统已完成南北极近1.6万千米^{2}的海底高精度地形地貌勘测。

2016年12月20日，我国自主建造的首艘科考破冰船“雪龙2号”正式开工建造，2019年10月15日，“雪龙2号”首航南极。该船是世界上第一艘采用双向破冰技术的极地科学考察破冰船，与“雪龙号”极地考察船组成极地科学考察破冰船队，担当起我国极地海洋考察和运输保障重任。

2015 年 12 月 7 日，中国首架极地固定翼飞机“雪鹰 601”在中山站附近成功试飞，中国南极考察正式开启“航空时代”。我国成为继美国、俄罗斯、英国和德国之后，第五个拥有多功能极地固定翼飞机的国家。该飞机搭载了冰雷达、重力仪和航空磁力系统等多套先进航空科学观测设备。2017 年 1 月，“雪鹰 601”首次降落昆仑站，在南极航空史上，该类机型首次飞抵冰穹 A 区域。2018 年，我国首次实现大规模科考队员通过航空方式进出南极，开创了中国南极科考保障新模式。

△“雪鹰 601”固定翼飞机飞抵中山站

科研成就硕果累累

30 多年来，我国共组织了 5500 多人次的南极考察，广泛开展了南极科学考察和前沿领域的科学探索，获取了大量第一手宝贵资料和样品，在极地海洋酸化、南大洋磷虾生物学、南极生态地质学、南极冰盖起源与演化、南极陨石回收、南极天文观测与研究、极光研究等方面取得了世界瞩目的成果。

以考察为基础，通过深入与系统的研究，在极地冰川学方面，我国的考察研究工作主要集中在中山站－冰穹 A 内陆冰盖地区，包括艾默里冰架，已经具备了十几年的研究和考察基础，为在冰穹 A 地区开展全球变化研究和重大科学工程项目实施奠定了坚实的基础，标志着我国进入了南极内陆考察的国际先进行列。

在南极海洋科学方面，我国开展了以南大洋、普里兹湾为重点的 30 多次南极海洋科考。这已成为一项业务化的考察工作，在现场考察的基础上，建立了极地科学共享数据库，为极地海洋科学的进一步发展奠定了基础。通过调查研究，在南极绕极流、南大洋的锋面和涡旋、普里兹湾的环流、海洋－冰架相互作用、冰芯记录等领域取得了重要进展。

在极地大气科学方面，对南北极与全球变化的关系有了初步认识；在极区大气边界层结构和能量平衡、大气环境、海冰变化规律、海－冰－气相互作用及对我国气候影响的遥相关机制等方面取得了大量基础资料和研究成果；极区气象预报服务等也取得了进展。

在极区空间物理学方面，在南极中山站和北极黄河站建成了涵盖极光、电离层和地磁等要素的南北极共轭观测体系，并融入国内、国际的观测网络，已获得一个太阳周期以上的观测数据；认识了南极中山站电离层变化特征；建立了极区电离层的三维时变模型；开展了南极电离层的数值模拟。

在生物与生态学及人体医学方面，围绕南极磷虾生物学、生态学等开展了十多个航次的调查研究，利用大磷虾复眼晶锥数目和复眼直径表征负生长状况的方法受到世界同行的关注，并得到初步推广；开展了以南极考察站、考察船为依托的生态环境监测，具备了在南极开展中长期海洋生态环境监测分析的能力和条件；探讨了企鹅、海豹过去几千年来种群数量变化及其对环境演化的响应，为开展全新世南极生态圈和环境演化过程的研究开辟了新领域；初步建立了极地微生物菌种资源保藏库，并在极地微生物的多样性分析、活性产物等方面获得较多的研究积累。在南极人体医学方面，开展了环境、营养、劳动卫生以及考察队员对南极环境的适应性研究，初步获得队员居留南极产生的一系列生理和心理变化的规律，为考察队员的选拔、医学保障提供了科学依据。

在地质和地球物理研究方面，开展了中山站－冰穹 A 断面地球物理调查，首次获得了冰穹 A 地区冰下地貌和冰层内部的图像和数据；完成了格罗夫山地区的地形图和地质图，出版了《南北极地图集》；获得了艾默里冰架东缘、格罗夫山和以拉斯曼丘陵为中心的普里兹湾沿岸的新元古代－早古生代早期单旋回的造山演化证据，在国际上产生了重要影响。

在极地天文学方面，获得了大量有价值的天文观测资料。冰穹A天文选址活动使中国的南极天文学研究取得了历史性突破，开启了中国主导的南极内陆天文学研究的国际合作计划，在国际上产生了重要影响。

千年北极探险史

人类在北极点上的足迹最早可上溯到旧石器时代，欧亚大陆的西伯利亚人和拉普人、美洲大陆的古因纽特人和后来的新因纽特人，是北极最早的主人。远古人类的北极活动是基于天然生存本能的，并不同于后来的探险和科考活动。

2000多年前，希腊的天文学家、航海家毕则亚斯勇敢地扯起风帆，开始了人类历史上第一次理性的北极探险。此次探险大约用了6年时间，最北可能到达冰岛或挪威的北部。

1878年7月，芬兰地质学家诺登许尔德率领拥有4艘舰艇和30名队员的国际探险队经西伯利亚海岸进入楚科奇海，于

1879 年 7 月到达白令海峡，在人类历史上第一次打通了东北航线。

各国对北极进行系统的综合性科学考察是从 1882—1883 年的第一个国际极地年开始的。期间有来自 11 个国家的 15 支科考队在统一计划和安排下对南北极地区的天文、地理、气象和地球物理进行了第一次系统的综合考察。这一活动宣告了北极现代历史的开始，也开启了北极科考的大门。1903 年 6 月至 1905 年 8 月，挪威探险家阿蒙森驾驶“格加号”汽船从奥斯陆到达波弗特海，首次穿越西北航道，1906 年 8 月到达阿拉斯加西海岸的诺姆港，宣告了此次历史性航行的最后胜利。1909 年 4 月 6 日，美国的皮尔里率领探险队在因纽特人的帮助下，首次到达北极点。

1920 年 2 月，英国、美国、丹麦等 18 个国家在巴黎签署了《斯瓦尔巴德条约》。在 1957—1958 年的国际地球物理年期间，12 个国家的 1 万多名科学家在北极和南极进行了大规模、多学科的考察和研究，在北冰洋沿岸建成了 54 个陆基综合考察站，在北冰洋中建立了大量浮冰漂流站和无人浮标站。1990 年 8 月，在北极圈内有领土和领海的加拿大、丹麦、芬兰、冰岛、挪威、瑞典、美国和苏联 8 个国家的代表在加拿大的瑞萨鲁特湾市成立了国际北极科学委员会。1996 年，中国派代表团出席国际北极科学委员会会议，并被接纳为正式成员国。

北极的中国足迹

中国和北极的渊源，始于 1925 年中国加入《斯瓦尔巴德条约》，成为条约的协约国。但由于种种原因，中国迟迟没有对北极地区进行真正的科学研究和资源开发。

1951 年夏天，武汉测绘学院的高时浏到达地球北磁极从事地磁测量工作，成为中国第一个进入北极地区的科学工作者。1958 年 11 月 12 日，新华社记者李楠作为中国驻苏联新闻记者，乘坐“伊尔 14”飞机先后在苏联北极第七号浮冰站和北极点着陆，并完成了北极考察，成为第一个到达北极点的中国人。

△ 中国科学院研究员高登义在北极浮冰上工作

20 世纪 80 年代末到 90 年代初，我国开始大规模的北极考察。1991 年 8 月，中国科学院研究员高登义应挪威卑尔根大学邀请，在北极浮冰上连续进行大气物理观测并首次展开五星红旗。

1995 年 5 月，中国科学技术协会和中国科学院组织的中国北极考察队，首次完成了中国人自己组织的由企业赞助的北极点考察。1999 年 7 月 1 日至 9 月 9 日，中国首次北极科学考察历时 71 天，总航程 14180 海里，圆满完成了各项预定科学考察任务。此次考察获得了一大批珍贵的样品、数据资料等，其中包括北冰洋 3000 米深海底的沉积物和 3100 米高空大气探测资源数据及样品，最大水深达 3950 米的水文综合数据，5.19 米长的沉积物岩芯以及大量的冰芯、表层雪样、浮游生物、海水样品等。

2004 年 7 月 28 日，我国第一个北极科学考察站——中国北极黄河站在斯瓦尔巴群岛的国际北极科学城新奥尔松建成并投入使用，这是我国开展南极考察 20 年后，在地球另一端建立的野外考察平台，极大地提高了我国的极地科考能力。

新时代续写北极考察新辉煌

2012 年 7 月 22 日，中国第五次北极科学考察队乘坐“雪龙号”船正式驶入北极东北航道，这是我国北极科考队首次进

△ 中国北极科学考察站黄河站落成典礼

入北冰洋大西洋扇区进行综合考察。8月2日，“雪龙号”船航行2894海里之后抵达冰岛进行正式访问，由此成为中国航海史上第一艘沿东北航道穿越北冰洋边缘海域的船舶。

2014年，中国第六次北极科学考察队首次在北纬55度以北太平洋海域布放海气界面锚碇浮标；首次在极地海域开展近海底磁力测量，获得了2条测线592千米的地磁探测数据；通过中美国际合作，首次在北纬80度左右及以北的加拿大海盆波弗特环流区布放深水冰基拖曳浮标；完成国内首次海冰浮标阵列布放。

2016年的中国第七次北极科学考察共完成84个海洋综合站位作业，内容涉及物理海洋、海洋气象、海洋地质、海洋化学和海洋生物；完成5套锚碇潜浮标的收放工作；完成了1个长期冰站、6个短期冰站考察，系统掌握了北冰洋海洋水文与气象、海洋化学、海洋生物与生态、海洋地质、海洋地球物理、海冰动力学和热力学等要素的分布和变化规律，为北极地区环境气候等综合评价提供了基础资料。

2017年的中国第八次北极科学考察是我国首次进行的环北冰洋考察，并在北极地区开展多波束海底地形地貌测量，开辟中国北极科学考察新领域；历史性穿越北极中央航道，填补

△ **考察队员释放探空气球**（高悦 / 摄）

△ **考察队员进行冰站作业**（贾燕华 / 摄）

中国在北冰洋中心区大西洋磁区的作业空白；首次成功试航北极西北航道；首次执行北极业务化观测任务，展开北极航道环境综合调查、北极生态环境综合调查和北极污染环境综合调查，填补中国在拉布拉多海、巴芬湾等海域的调查空白。

△ **中国第七次北极科学考察**（伍岳 / 摄）

2021 年 7 月 12 日，中国第 12 次北极科学考察队搭乘“雪龙 2 号”科考船从上海出发，前往北极执行科学考察任务。本次考察是“十四五”期间我国组织开展的首次北极科学考察活动，历时 79 天，航程 1.4 万海里，顺利完成楚科奇海大气、海洋、生态等综合观测，取得了多项科研成果。

我国科学家对北极变化获得了一系列新的认识，如：通过历次北极考察数据和历史资料对比发现，北极海冰减少是导致欧亚大陆中高纬度地表温度负异常的关键过程；阐明西北冰洋生物泵作用的空间变化及其维持机制，揭示水平输送过程对西北冰洋的物质及污染物分配起着重要作用；发现太平洋入流水的变动会对北冰洋异养浮游细菌乃至整个浮游生态系统产生深远影响；界定了三种不同的浮游动物群落类型，根据底栖动物拖网样品，得到了它们的数量变化、地理分布等相关信息；通过开展西北冰洋岩芯沉积物中多种替代性指

△“雪龙号”进入北极圈，中国第八次北极科学考察队摆出“八北”字样合影（吴琼/摄）

标的系统研究，发现楚科奇海盆和阿尔法脊晚第四纪以来存在多个冰筏碎屑（IRD）事件，补充和验证了此前国际上的有关认识。在地质和地球物理研究方面，通过六次北冰洋科学考察获取了大量资料和沉积物样品，北极古环境与古海洋学研究获得初步成果。

中国的极地考察事业从无到有，不断壮大。我国已成为南北极所有重要国际公约的缔约国和国际组织的成员，积极参与极地全球治理，参与有关科研和保障规划的制订。特别是近10年来，中国先后参与国际极地年计划、地平线扫描、整合的北极研究计划Ⅲ、南大洋观测系统、北极气候研究多学科漂流观测计划等10多个大型国际极地计划，陆续与美国、俄罗斯、新西兰、智利、南非等10个国家及其极地主管机构签订了双边合作文件。

今后在极地考察方面，我国将继续稳步推进以建设国家南北极观测网为核心任务的“雪龙探极”重大工程；初步建成南极观测网和北极观测网，形成对南极海洋、南极陆地、北极海洋、北极站基重点区域的环境和资源实时或准实时的业务化观测能力；提升通信传输和信息管理能力，建成南极考察新站，增配固定翼飞机及配套设施，形成极地运行保障能力；搭建极地应用服务平台，实现极地标准规范、预警预报、气候变化、战略与权益、考察运行指挥等应用服务能力。通过不断完善海空天一体化立体观测系统，支撑极地考察业务体系建设，提升我国的极地国际治理能力。

中国航天
CZ-2F

飞天

探索浩瀚宇宙，发展航天事业，建设航天强国，是中华民族不懈追求的航天梦。2013 年 6 月 24 日，习近平总书记同“神舟十号”航天员亲切通话，指出“航天梦是强国梦的重要组成部分。随着中国航天事业快速发展，中国人探索太空的脚步会迈得更大、更远”。

自 1956 年以来的 60 余年，我国航天事业从无到有、从小到大、从弱到强，创造了举世瞩目的辉煌成就。党的十八大以来，党中央高度重视和关心航天事业发展，将航天强国建设纳入中华民族伟大复兴战略全局统筹谋划。习近平总书记多次做出重要指示，致电祝贺航天重大工程进展，为建设航天强国提供了根本遵循。我国航天事业取得一项项具有里程碑意义的成就，为推动世界航天事业发展贡献了中国智慧、中国方案、中国力量。

2020 年 7 月 31 日，“北斗三号”全球卫星导航系统正式开通。北斗导航不仅为全球用户提供全天候、全天时、高精度的定位导航授时服务，也融入电力、金融、通信等基础设施，广泛应用于交通运输、农林牧渔、气象测报、应急救援等领域。目前，中国在轨运行应用卫星数量超过 500 颗，所提供的服务渗透到每一个生活角落、每一个社会场景。

2020 年 12 月 17 日,“嫦娥五号”返回器携带月球样品返回地球。我国成为从月球取样返回的第三个国家，探月工程“三步走”任务完美收官。

2021 年 5 月 15 日，搭载着“祝融号”火星车的“天问一号”探测器成功着陆火星，2021 年 10 月 14 日，我国首颗太阳探测科学技术试验卫星“羲和号”成功发射。我国成为世界上第二个成功着陆火星并开展巡视探测的国家，同时创造了通过一次任务完成火星环绕、着陆和巡视三大目标的历史纪录，标志着我国在行星探测领域跨入世界先进行列。

2021 年 9 月 17 日,“神舟十二号”载人飞船返回舱平安降落在东风着陆场预定区域，我国空间站建造阶段的首次载人飞行任务取得圆满成功。2021 年 10 月 16 日,“神舟十三号”载人飞船成功发射。飞船与中国空间站“天和”核心舱完成径向交会对接，三名中国航天员——翟志刚、王亚平和叶光富在中国空间站生活、工作 6 个月。中国空间站挺进有人长期驻留时代。

2016 年以来，中国与 19 个国家和地区、4 个国际组织，签署 46 项空间合作协定或谅解备忘录。空间科学、空间技术、空间应用、学术交流、人才培养等领域的国际合作取得丰硕成果。中国把外层空间视为人类共同的财富，把探索、开发、和平利用外层空间视为人类共同的追求。浩渺太空，无垠宇宙，探索永远没有终点。

中国空间站开启
国际科学合作新篇章

2020 年 5 月 5 日，“长征五号”B 运载火箭在海南文昌首飞成功，正式拉开我国载人航天工程“第三步”建造空间站任务的序幕。2021 年 4 月 29 日，“天宫”空间站“天和”核心舱成功发射，“神舟十二号”“神舟十三号”和“神舟十四号”等航天员乘组相继执行空间站关键技术验证任务，宣告我国开启空间站任务新时代。

在未来空间站任务中，中国载人航天工程将以更加开放的姿态，在设备研制、空间应用、航天员培养、联合飞行和航天医学等多个方面，积极开展国际交流与合作，与世界各国特别是发展中国家，分享中国载人航天发展成果。

2017年，“天舟一号”货运飞船在完成空间实验室阶段任务及拓展试验后受控离轨，标志着空间实验室飞行任务圆满收官，中国载人航天全面进入空间站时代。工程自1992年立项实施以来，先后突破掌握天地往返、空间出舱、交会对接、航天员中期驻留、推进剂在轨补加等核心关键技术，取得了举世瞩目的辉煌成就。

华夏民族终圆飞天梦想

我国古代就有嫦娥奔月的美丽传说、夸父逐日的动人神话、牛郎织女的凄美故事，以及敦煌壁画中千姿百态的飞天图景。现代宇宙航行学的奠基人、航天学和火箭理论的奠基人康斯坦丁·齐奥尔科夫斯基曾说：“地球是人类的摇篮，但人类不可能永远被束缚在摇篮里。”

20世纪50年代，中国百废待兴。1956年2月，著名科学家、中国航天事业奠基人钱学森向中央提出了《建立我国国防航空工业的意见》。同年3月，中央决定组建专门从事火箭、导弹研究的机构，中国航天事业由此起步。1986年，我国改革开放总设计师邓小平在科学家王大珩、王淦昌、杨嘉墀、陈芳允联合提出的《关于跟踪研究外国战略性高技术发展的建议》上做出“此事宜速作出决断，不宜拖延”的重要批示，

“863 计划”由此诞生。该计划的实施，使我国载人航天相关技术正式列入了国家重点发展计划。

1992 年 9 月 21 日，经中央批准，中国载人航天工程正式启动。基于我国国情及实际考虑，工程从飞船起步，按“三步走”发展战略实施：第一步，发射载人飞船，建成初步配套的试验性载人飞船工程，开展空间应用实验；第二步，突破航天员出舱活动技术、空间飞行器的交会对接技术，发射空间实验室，解决有一定规模的、短期有人照料的空间应用问题；第三步，建造空间站，解决有较大规模的、长期有人照料的空间应用问题。中国载人航天事业由此踏上征程。

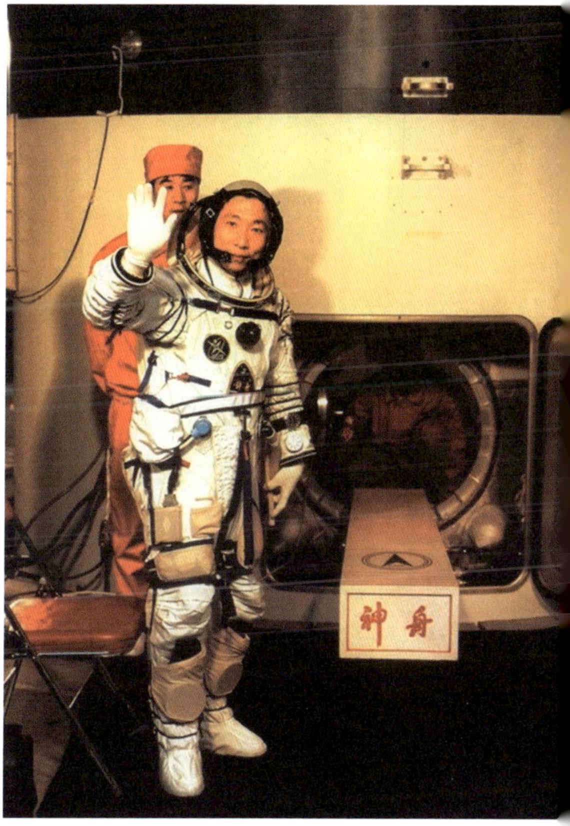

△“神舟五号”任务航天员杨利伟进入飞船前向人们挥手告别

1999 年 11 月 20 日，第一艘试验飞船“神舟一号”在酒泉卫星发射中心发射升空，21 小时后，飞船成功着陆，中国载人航天工程首飞取得圆满成功。随后，相继发射了“神舟二号”“神舟三号”“神舟四号”3 艘飞船，飞船的各项性能得到不断完善，为载人航天飞行奠定了坚实的基础。

2003年10月15日，“神舟五号”载人飞船在酒泉卫星发射中心发射升空，飞船载着中国飞天第一人——杨利伟在太空遨游14圈后，安全着陆于内蒙古自治区四子王旗。中共中央、国务院、中央军委向中国首次载人飞行任务圆满成功发来贺电：“这是中华民族在攀登世界科技高峰征程中完成的一个伟大壮举。”中华民族的千年飞天夙愿一朝梦圆！

2005年10月12日，费俊龙、聂海胜两名航天员驾乘“神舟六号”在酒泉卫星发射中心冲破云霄。飞船在太空中飞行了115小时32分钟，成功绕地球77圈后安全返回，“多人多天”成功巡天，圆满实现了工程第一步任务目标。

载人航天技术接连突破

2008年，中国载人航天事业又迈出了重大一步。2008年9月25日，翟志刚、刘伯明和景海鹏三名航天员驾乘“神舟七号”飞船冲破夜空的寂静，一飞冲天。27日，航天员翟志刚打开飞船轨道舱舱门，迈出中国人漫步太空的第一步，他挥舞国旗，在太空中向世界问好。此举使我国成为世界上第三个独立掌握空间出舱活动关键技术的国家。

2011年9月29日，我国“天宫一号”空间目标飞行器成功发射。2011年11月3日凌晨，经过捕获、缓冲、拉近、

△“神舟七号”航天员出舱活动

△“天宫一号”与“神舟八号”交会对接示意

锁紧4个步骤，“神舟八号”飞船与“天宫一号”目标飞行器成功实现刚性连接，形成组合体，我国首次空间交会对接试验获得成功，成为世界上第三个自主掌握空间交会对接技术的国家。

2012年6月，“天宫一号”和“神舟九号”先后通过自动控制和手动控制两次对接成功，航天员景海鹏、刘旺，以及中国首飞女航天员刘洋入驻“天宫一号”。

2013年6月，“神舟十号”航天员聂海胜、张晓光和王亚平在成功完成交会对接后进入“天宫一号”。20日，航天员王亚平进行了中国首次太空授课，6000万名中小学生通过电视转播同步收看，产生了巨大的社会反响。

几年间，“天宫一号”先后与“神舟八号”“神舟九号”“神舟十号”飞船进行了6次交会对接，完成各项既定任务，于2018年4月2日再入大气层烧蚀销毁。

空间实验室任务屡奏凯歌

2016年，中国航天事业创建60周年之际，载人航天空间实验室飞行任务也拉开大幕。面对一年内4次的高密度发射任务，以及新火箭、新发射场、新飞船等诸多考验，勇于创造奇迹的中国航天人牢记习近平总书记关于“探索浩瀚宇

△ 2016 年 9 月 15 日“天宫二号”空间实验室成功发射（琚振华 / 摄）

宙，发展航天事业，建设航天强国”的重要指示，在飞天路上屡奏凯歌。

2016 年 6 月 25 日，“长征七号”一飞冲天，完成新一代中型运载火箭和海南文昌新型滨海发射场的首秀之战。

2016 年 9 月 15 日，“天宫二号”空间实验室在“长征二号”FT2 火箭的托举下飞入太空，这是中国第一个真正意义上的太空实验室，安排开展了地球观测和空间地球系统科学、空间应用新技术、空间技术和航天医学等领域的应用和实（试）验，应用载荷数量大幅增加，领域进一步拓展，载人航天事业进入了应用发展的新阶段。

2016 年 10 月 17 日，“神舟十一号”飞船载着航天员景海鹏、陈冬搭乘“长征二号”F 遥十一火箭冲入太空。19 日凌晨，“神舟十一号”与“天宫二号”空间实验室交会对接。“神舟十一号”载人飞船在轨飞行 33 天，组合体飞行期间，相继开展了一系列体现国际科学前沿和高新技术发展方向的空间科学与应用任务。

2017 年 4 月 20 日，我国第一艘货运飞船“天舟一号”出征太空，验证了货物补给、推进剂在轨补加等一系列关键技术，“天舟”货运飞船与“长征七号”运载火箭组成的空间站货物运输系统，使得我国空间站建设具备了基本条件。至此，空间实验室阶段任务完美收官！

空间站研制建设稳步推进

我国顺利完成空间站方案设计和关键技术攻关，空间站各舱段及其配套运载火箭、有关试验载荷等各类飞行产品有序进行研制生产和地面试验，载人飞船、货运飞船及其配套运载火

△“神舟十一号”航天员景海鹏、陈冬（李晋/摄）

箭等相继按计划生产，完成空间站建造。

2020 年 5 月 5 日，“长征五号”B 运载火箭在海南文昌首飞成功，正式拉开我国载人航天工程“第三步”建造空间站任务的序幕。2021 年 4 月 29 日，“天宫”空间站“天和”核心舱成功发射，“神舟十二号”“神舟十三号”和“神舟十四号”等航天员乘组相继执行空间站关键技术验证任务，宣告我国开启空间站任务新时代。

中国空间站命名为“天宫”（TG），基本构型由核心舱、实验舱Ⅰ和实验舱Ⅱ 3 个舱段组成，呈水平对称 T 字形，提供 3 个对接口，支持载人飞船、货运飞船及其他来访飞行器的对接和停靠，建成后不仅成为国家太空实验室，更是国际科技合作交流的重要平台。

中国空间站具备支持近地轨道长期载人飞行的能力，安排开展多领域的空间科学实验和技术试验，研究解决人类在太空长期生存的基本问题，开展空间科学与应用基础研究，开展航天新技术验证，努力获取对全人类具有重大科学价值的研究成果和重大战略意义的应用成果。

在建设中国人“太空家园”的过程中，遵照习近平总书记“星空浩瀚无比、探索永无止境”，“中国人探索太空的脚步会迈得更大、更远”等一系列重要指示，我国还对载人航天后续发展进行深入论证和长远谋划，规划至 21 世纪中叶的载人航天发展路线图，努力推动载人航天事业可持续发展。

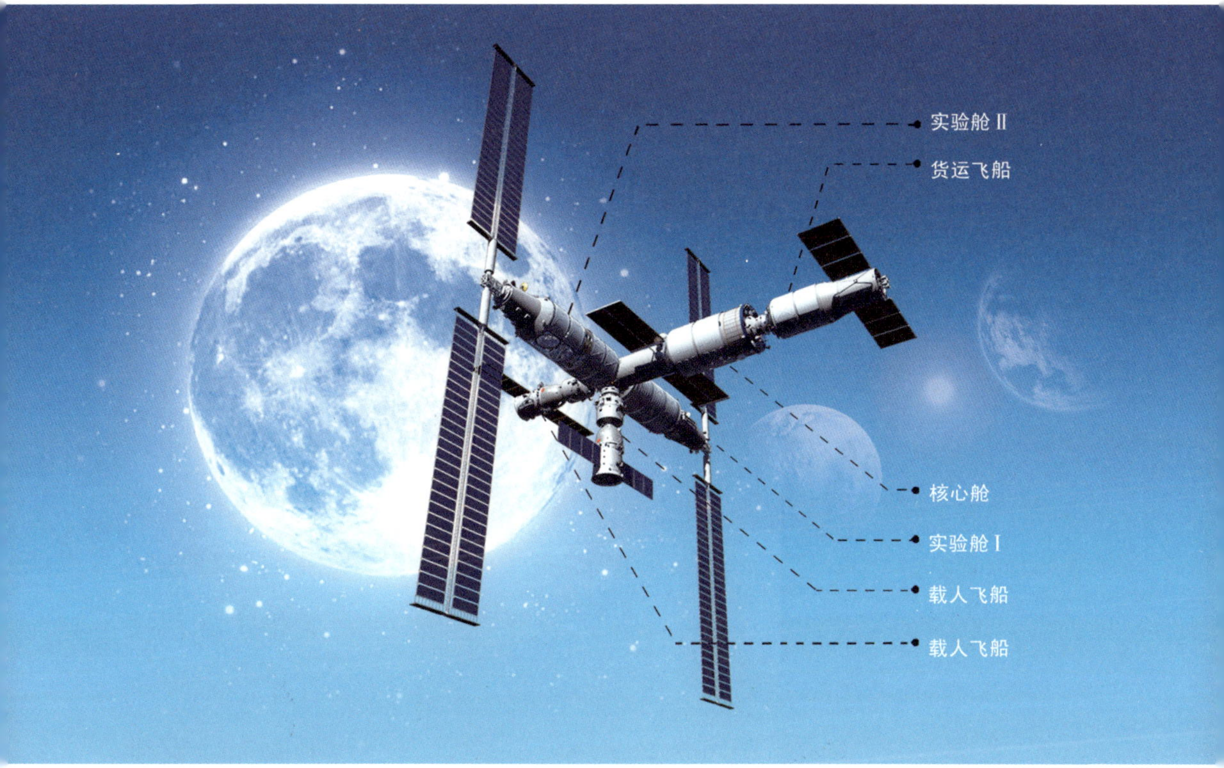

△ 中国空间站示意图

国际合作与交流全面展开

2017 年 6 月 6 日，习近平总书记向“全球航天探索大会”致信指出：“中国历来高度重视航天探索和航天科技创新，愿加强同国际社会的合作，和平探索开发和利用太空，让航天探索和航天科技成果为创造人类更加美好的未来贡献力量。”

我国始终秉持在相互尊重、平等互利、透明开放的原则下，积极与世界有关国家和地区开展交流与合作，共同推动世界航天技术的进步和发展。工程自实施以来，先后与俄罗斯、德国、法国、意大利等国家，以及欧洲太空局、联合国外空司等航天机构和组织签署了多项政府间、机构间的合作协议，开展了一系列务实合作和交流活动。

“神舟五号”飞行任务期间，航天员杨利伟将联合国旗带入太空，联合国旗第一次随中国人环游宇宙；“神舟八号”飞船上，中德联合开展了空间生命科学实验；空间实验室任务阶段，安排了伽马暴偏振探测仪和失重心血管功能研究两项国际合作项目。2013 年，中国与联合国外空司在北京共同举办了载人航天技术国际研讨会；2016 年，我国航天员叶光富赴意大利参加了欧洲太空局组织的洞穴训练；2017 年，中欧航天员联合进行了海上救生训练。“天舟一号”任务期间，联合国外空司司长及 6 个国家驻维也纳联合国办事处代表，应邀来华参观载人航天工程有关设施，并在文昌航天发射场现场观摩“天舟一号”货运飞船发射任务。一张张国际面孔见证了中国载人航天事业的不断发展，在中国人的努力下，人类的载人航天活动更加丰富多彩。

在未来空间站任务中，中国载人航天工程将以更加开放的姿态，在设备研制、空间应用、航天员培养、联合飞行和航天医学等多个方面，积极开展国际间的交流与合作，与世界各国特别是发展中国家，分享中国载人航天发展成果。中国愿与世界各国一起，共同推动载人航天技术发展，为和平利用太空、造福全人类做出更加积极的贡献。

中国载人航天工程不断发展壮大。随着中国航天事业快速发展，中国人探索太空的脚步会迈得更大、更远，中国载人航天工程的明天必将更加辉煌。

北斗组网为世界导航

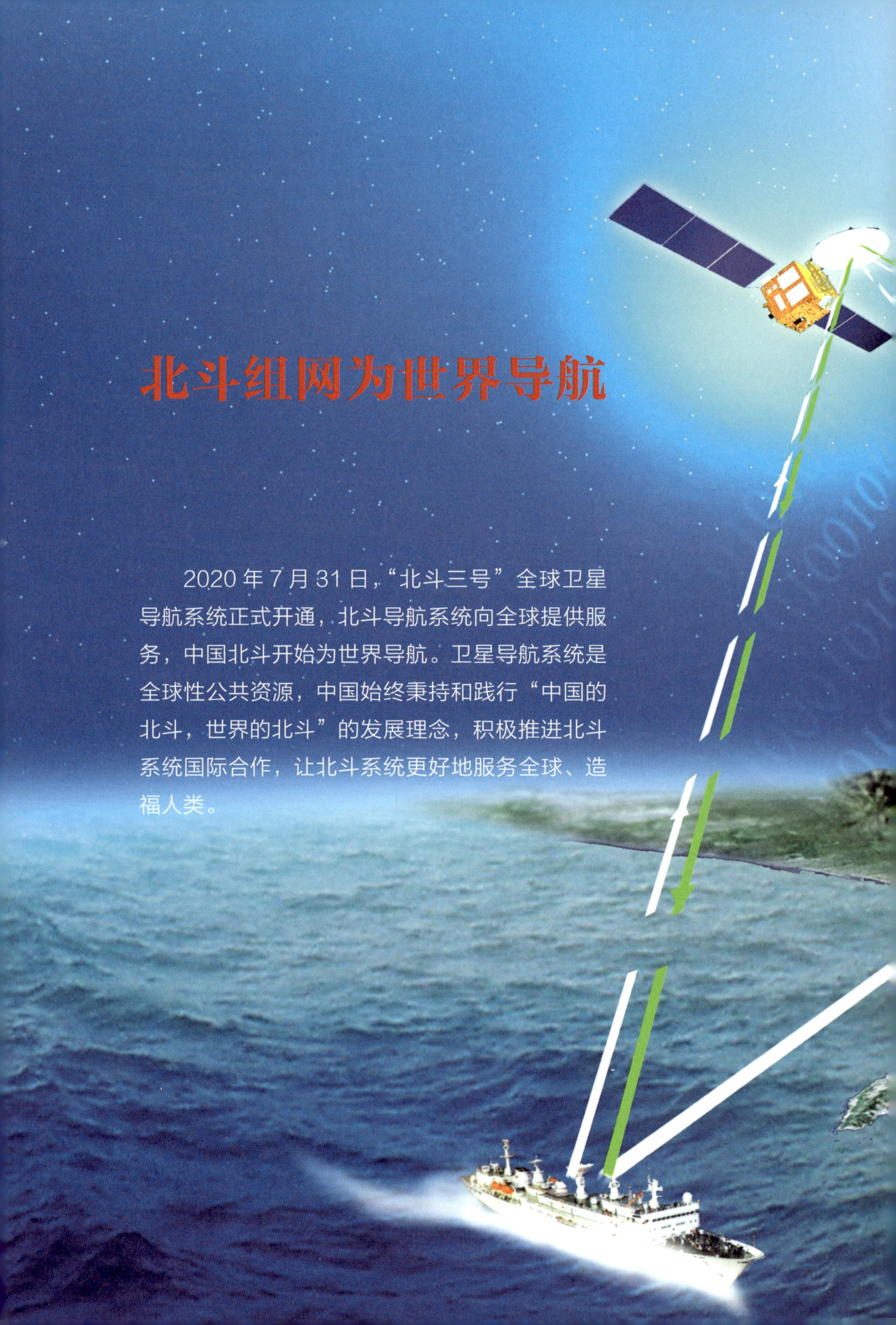

2020 年 7 月 31 日，“北斗三号”全球卫星导航系统正式开通，北斗导航系统向全球提供服务，中国北斗开始为世界导航。卫星导航系统是全球性公共资源，中国始终秉持和践行“中国的北斗，世界的北斗”的发展理念，积极推进北斗系统国际合作，让北斗系统更好地服务全球、造福人类。

从无到有 北斗系统的建设与运行

古代的中国人依靠天空中的北斗七星来判断方向，发明司南来导航。随着科技的不断发展，现代的我们可以利用太空中的北斗卫星导航系统实现精准导航。

北斗卫星导航系统简称北斗系统，英文名称为 BeiDou Navigation Satellite System，缩写为 BDS，是中国自主建设、独立运行，与世界其他卫星导航系统兼容共用的全球卫星导航系统。20 世纪后期，中国开始探索适合国情的卫星导航系统发展道路。1994 年，“北斗一号”工程立项，工程总设计师为我国首颗卫星“东方红一号”的技术总负责人孙家栋。2000 年，我国成功发射两颗卫星，在天空中搭建了我国的双星定位系统，优先满足了中国定位的需要，真正开创了我国建设卫星导航系统的历史，北斗走上历史舞台。

北斗卫星导航系统是一个组网工程，必须由多个卫星组成星座才能实现。20 世纪初，以我国当时的经济发展水平和技术能力，无法实现一次在全球范围内布星布站。在这种情况下，北斗系统高级顾问、时任总设计师孙家栋独具慧眼，提出“先试验、后区域、再全球”的“三步走”发展战略。作为国家科技重大专项，“三步走”发展战略具体是：第一步，2000

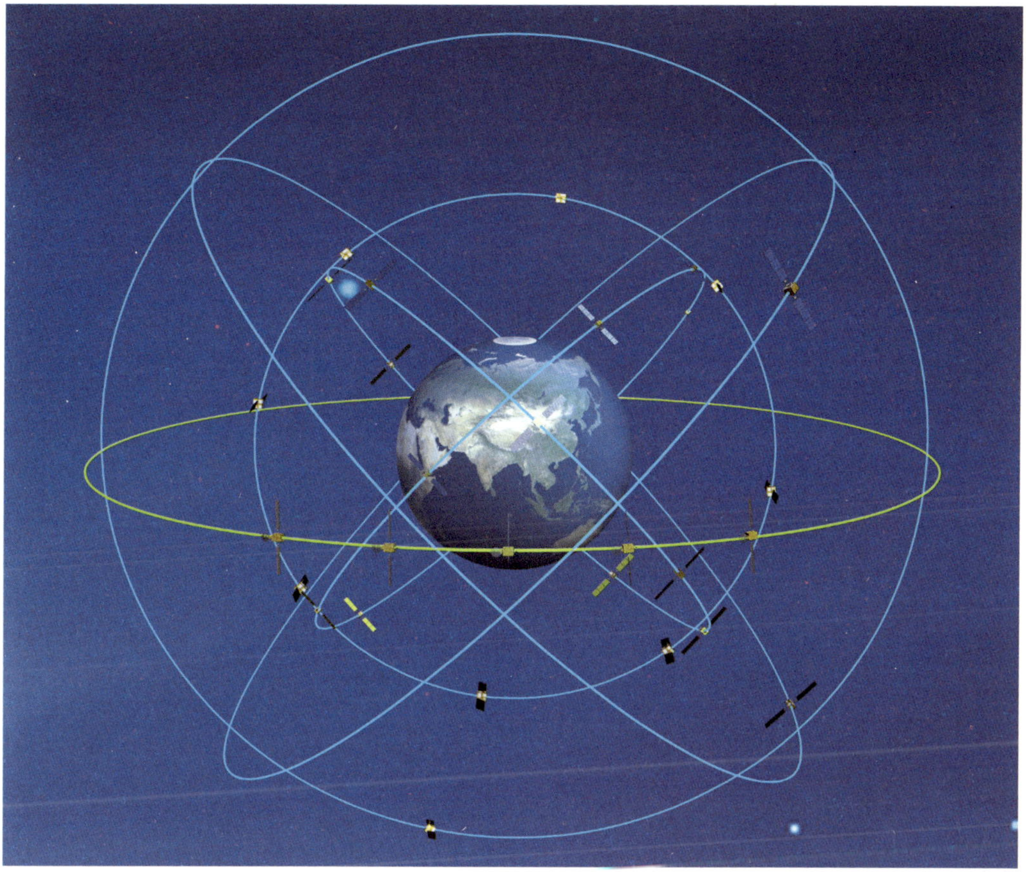
△ 北斗卫星导航系统组网示意图

年建成北斗卫星导航试验系统，解决我国自主卫星导航系统的有无问题。第二步，建设北斗卫星导航系统，2012 年形成区域覆盖能力。第三步，2020 年左右，形成全球覆盖能力。北斗卫星导航系统的顺利建设、成功服务，证明了“三步走”战略的正确。我们向世界导航系统提供了一个新的发展模式，这也是世界上第一次使用 IGSO 卫星进行定位，这是中国智慧对世界的又一重大贡献。“北斗二号”系统首创了三种卫星的混合星座——用5颗GEO卫星、5颗IGSO卫星和4颗MEO卫星组成北斗星座，不但保留了“北斗一号”的技术能力，还可以优先服务我国及周边，最终走向服务全球。目前，全世界有四大全球卫星导航系统：美国的GPS、俄罗斯的格洛纳斯、中国的北斗和欧洲的伽利略。

有惊无险　北斗卫星零窗口雷电发射

“北斗二号”工程于2004年8月立项，历时8年完成研制建设，全国300多家单位、8万余名科技人员参研参建，建成了由14颗组网卫星和32个地面站天地协同组网运行的“北斗二号”卫星导航系统。在全国人民和各有关部门的大力支持下，参与系统研制、建设、试验、应用和管理的全体人员，按照“质量、安全、应用、效益”的总要求，坚持“自主、开放、兼容、渐进”的发展原则，瞄准建设世界一流卫星导航系统目标，大力协同、奋力攻关，完成了我国卫星导航系统第二步承前启后的建设任务，走出了一条中国特色卫星导航发展道路。

“北斗二号”卫星导航系统的建设过程并非一帆风顺。2011年7月27日，矗立在发射塔架上的第九颗北斗导航卫星

▽ 北斗卫星示意图

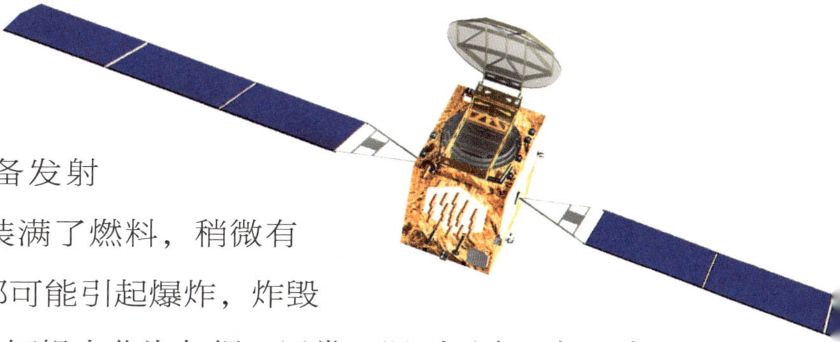

发射在即，天空却突然乌云密布，天降雷雨。雷电是卫星发射的最大威胁，因为准备发射的火箭体内已经装满了燃料，稍微有一丁点儿火花，都可能引起爆炸，炸毁火箭和卫星，让一切投入化为灰烬。通常，遇到雷电天气，大多数航天发射任务就会推迟。但是，北斗卫星导航系统不行。与其他航天器不同，北斗卫星导航系统是一个系统工程，必须要相继发射多颗卫星组成一个卫星星座，才可以实现它提供的服务。因此，每一颗卫星的发射时间大概在它还是一张图纸的时候，就已经基本确定了。可以说，每颗卫星的成功都将成为未来连续成功的基础，任何一次抉择都将关系到未来的成败。为了按时组网，北斗卫星必须要“零窗口”发射。

什么是零窗口？卫星发射窗口，可以理解为顺利发射卫星入轨的时间。就好比骑马射移动靶，人和靶都在动，只有人、箭、靶三点一线的时候才可以射中，这个三点一线的时刻，就是窗口。卫星发射窗口只有 40 分钟，很有限。而零窗口，就是在预先计算好的发射时间，分秒不差地将火箭点火升空，不允许有任何延误与变更。

当时，天气预报是决策的唯一依据。北斗科研人员在等，也是在盼，火箭从起飞到飞离云层只需要不到 100 秒的时间，发射场里所有的人目光凝重，仰望天空，只求这100秒天空的平静。40分钟的发射窗口一点一点过去了，北斗科研人员没有放弃，一遍遍看着天气预报。

就在发射窗口关闭前5分钟，天气预报显示雷电可能会有一个短暂的间歇。机会稍纵即逝，北斗科研人员果断决策，火箭破云而出。在这100秒的时间里，偌大的指挥中心，连一根针掉在地上的声音都能听到，所有人眉头紧锁，这是在和老天抢时间。100秒后，火箭冲破云层，卫星安全升空。就在起飞后45秒，又一阵电闪雷鸣让心理承受能力已经到了极限的人们再次绷紧了神经。幸运的是，科研人员最终顺利收到了卫星安全入轨的信号。正是“自主创新、开放融合、万众一心、追求卓越”的新时代北斗精神，才让北斗卫星导航系统在短时间内取得了一项又一项的重要成就。

“地上用好”
北斗系统的应用与国际合作

随着北斗系统建设和服务能力的发展，相关产品已广泛应用于交通运输、海洋渔业、水文监测、天气预报、测绘地理信息、森林防火、通信时统、电力调度、救灾减灾、应急搜救等领域，逐步渗透到人类社会生产和人们生活的方方面面，为全

△ **2017年11月5日，“北斗三号”组网首发双星**（梁珂岩/摄）

球经济和社会发展注入新的活力。目前，北斗系统已形成完整产业链，北斗系统在国家安全和重点领域标配化的使用，在大众消费领域规模化的应用，正在催生“北斗+”融合应用新模式。

北斗系统基础产品实现历史性跨越　2010年，国内没有一片国产北斗芯片，现如今，已有坚强的“北斗芯”。国产北斗芯片实现规模化应用，工艺由0.35微米提升到28纳米，最低单片价格仅6元人民币，总体性能达到甚至优于国际同类产品。目前，国产北斗芯片累计销量突破7000万片，高精度

OEM 板和接收机天线已分别占国内市场份额 30% 和 90%。

行业区域应用显现规模化效益　现如今，北斗系统已在交通运输、海事搜救、气象、渔业、公安、民政、林业等行业开展示范，发挥重大社会效益和经济效益；正在实施珠三角、湘、陕、贵、京、鄂、苏等多个区域示范，广泛服务于人民生活与经济社会发展。540 万辆运营车辆上线，建成全球最大的北斗车联网平台，相比于 2012 年，道路运输重大事故率和人员伤亡率均下降近 50%，公安出警时间缩短近 20%，突发重大灾情上报时间缩短至 1 小时内，应急救援响应效率提升 2 倍。全国 4 万余艘渔船安装北斗系统产品，累计救助渔民超过

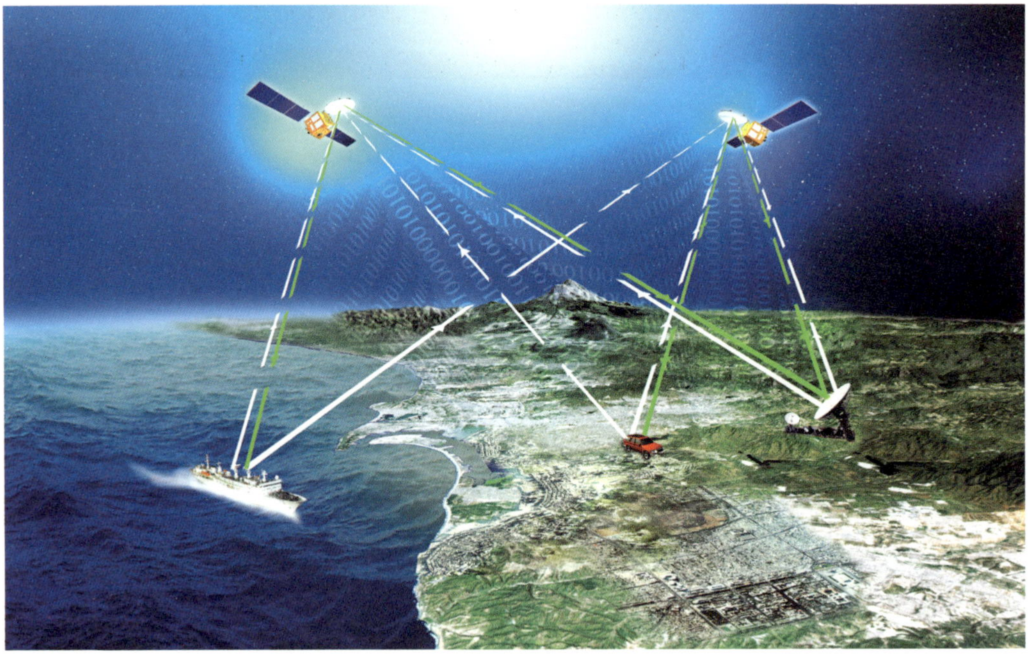

△ **北斗应用示意图**

1 万人，北斗系统已成为渔民的海上保护神。基于北斗系统的高精度服务，已用于精细农业、危房监测、无人驾驶等领域。

大众应用触手可及 北斗系统日益走近百姓生活。世界主流手机芯片大都支持北斗系统，北斗系统正成为国内销售智能手机的标配。共享单车配装北斗系统实现精细管理。支持北斗系统的手表、手环、学生卡，为人们的日常生活提供了更多方便和安全保障。以北京为例，33500 辆出租车、21000 辆公交车安装北斗系统产品，实现北斗系统定位全覆盖；1500 辆物流货车及 19000 名配送员，使用北斗系统终端和手环接入物流云平台，实现实时调度。

北斗系统融合互联网催生新业态 2010 年至今，我国共发布 6 版信号接口控制文件和 1 版服务性能规范。国内从业企业超过 1.4 万家，从业人员超过 45 万人。国内卫星导航产业年产值年均增长率超过 15%，北斗贡献率超过 80%。2016 年发布《中国北斗卫星导航系统》白皮书，启动《中华人民共和国卫星导航条例》编制，成立国家北斗卫星导航标准化技术委员会，形成国家主流媒体、北斗官网官微多方参与的立体宣传体系。北斗系统与互联网、云计算、大数据融合，建成高精度时空信息云服务平台，推出全球首个支持北斗系统的加速辅助定位系统，服务覆盖 210 个国家和地区，用户突破 1.6 亿人，日服务达 3 亿次。国产北斗系统产品输出到 90 余个国家和地区，包括 30 余个“一带一路”沿线国家和地区，造福国际社会。北斗系统地基增强系统成体系出口到阿尔及利亚。科威特国家银行施工过程中采用北斗系统高精度测量保证施工质量。

卫星导航系统是全球性公共资源，多系统兼容与互操作已成为发展趋势。中国始终秉持和践行“中国的北斗，世界的北斗”的发展理念，服务“一带一路”建设发展，积极推进北斗系统国际合作，与其他卫星导航系统携手，与各个国家、地区和国际组织一起，共同推动全球卫星导航事业发展，让北斗系统更好地服务全球、造福人类。

全面开展大国合作 我国推动成立中俄卫星导航重大战略合作项目委员会，中美、中欧卫星导航合作工作组；开通中俄卫星导航联合监测平台，与美、俄分别签署系统兼容与互操作联合声明，为多系统实现共赢、全球用户享受更加高效可靠服

△ 2018 年 2 月，第 28、29 颗北斗导航卫星（史啸 / 摄）

△ **2018 年 2 月，第 28、29 颗北斗导航卫星待发射**（史啸 / 摄）

务做出中国贡献。

广泛参与多边合作　我国积极参与联合国全球卫星导航系统国际委员会，2012 年主办第七届大会，2018 年主办第十三届大会，连续举办多届中国卫星导航学术年会，年度参会人数逾 3000 人。北斗系统已加入国际民航、国际海事、3GPP 移动通信三大国际组织，还将为全球提供免费搜索救援服务。

积极推动服务世界　我国与南亚、中亚、东盟、阿盟、非洲等国家和组织建立合作机制，举办“北斗亚太行”“北斗东盟行”和中阿北斗合作论坛、中沙卫星导航研讨会等系列活动，加强技术交流和人才培养，服务“一带一路”沿线国家和地区。

北斗发展步入新时代

△ 北斗卫星导航系统标志

北斗卫星导航系统标志的圆形构型象征“圆满”，与太极阴阳鱼共同蕴含了中国传统文化；深蓝色的太空和浅蓝色的地球代表航天事业；北斗七星是自远古时起人们用来辨识方位的依据，司南是中国古代发明的世界上最早的导航装置，两者结合既彰显了中国古代科学技术成就，又象征着卫星导航系统星地一体，同时还蕴意着中国自主卫星导航系统的名字——北斗；网格化地球和中英文文字代表着我国的北斗卫星导航系统开放兼容、服务全球的美好愿景。

中国坚持以“自主、开放、兼容、渐进”的原则建设和发展北斗系统。目标是建设世界一流的卫星导航系统，满足国家安全与经济社会发展需求，为全球用户提供连续、稳定、可靠的服务；发展北斗产业，服务经济社会发展和民生改善；深化国际合作，共享卫星导航发展成果，提高全球卫星导航系统的综合应用效益。

随着“中国制造 2025”的到来、互联网技术和信息技术的发展，以及人工智能技术的实现，北斗系统将与高新技术更加紧密地融合，迎来更加广阔的发展前景。

深空探测：征程永无止境

人类的航天活动可以分为三个部分：卫星应用、载人航天和深空探测。人类进行深空探测的第一站，就是距离地球最近的天体——月球。

2020 年 12 月 17 日，“嫦娥五号”返回器携带着 1731 克月球样品返回地球，标志着中国首次地外天体采样返回任务圆满完成，实现

探月工程“绕、落、回”三步走的最后一步“回”。

2020 年 7 月 23 日，“天问一号”探测器成功发射，2021 年 5 月 15 日，中国首辆火星车“祝融号”与着陆器成功登陆火星，2021 年 10 月 14 日，中国首颗太阳探测科学技术试验卫星“羲和号”成功发射，开启了新时代深空探测的新征程。

"嫦娥一号"　迈向月球的第一步

探月工程（嫦娥工程），是我国航天事业发展继人造地球卫星和载人航天之后的第三个里程碑。根据《国家中长期科学和技术发展规划纲要（2006—2020 年）》，探月工程作为国家重大科技专项的标志性工程，规划了"绕、落、回"三步走目标，分为探月工程一期、二期和三期实施。

2004 年 1 月，国家批准探月工程一期——绕月探测工程

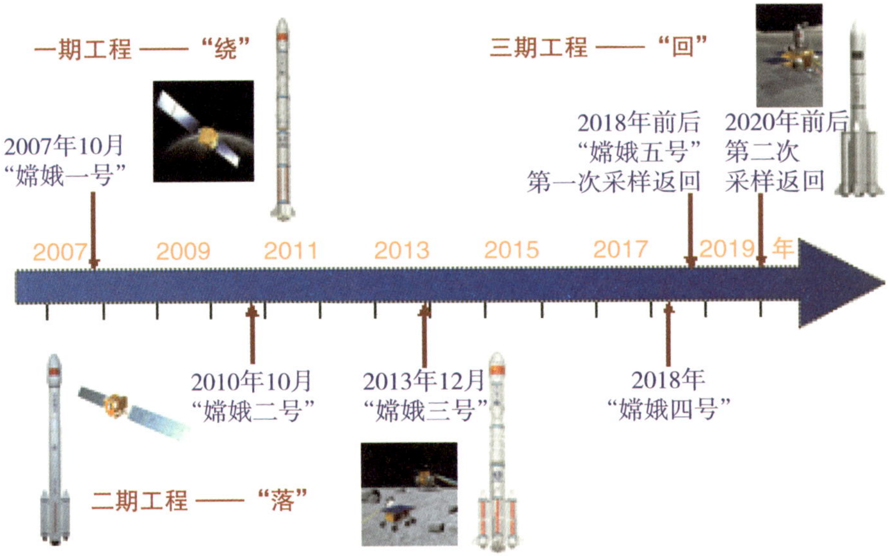

△ 探月工程总体规划（2020 年前）

正式实施，目标是实现环绕月球探测，先后安排了“嫦娥一号”及备份星两次任务。

从 2004 年开始，绕月探测工程在不到四年的时间里，迈出了四大步。从开局、攻坚、决战到决胜，工程各系统全力以赴、密切合作，圆满完成了卫星发射任务，“嫦娥一号”卫星成功进入环月工作轨道。2007 年 11 月 26 日，“嫦娥一号”卫星传回第一幅月球图片数据，标志着探月工程一期任

△ 2007 年 10 月 24 日“嫦娥一号”成功发射

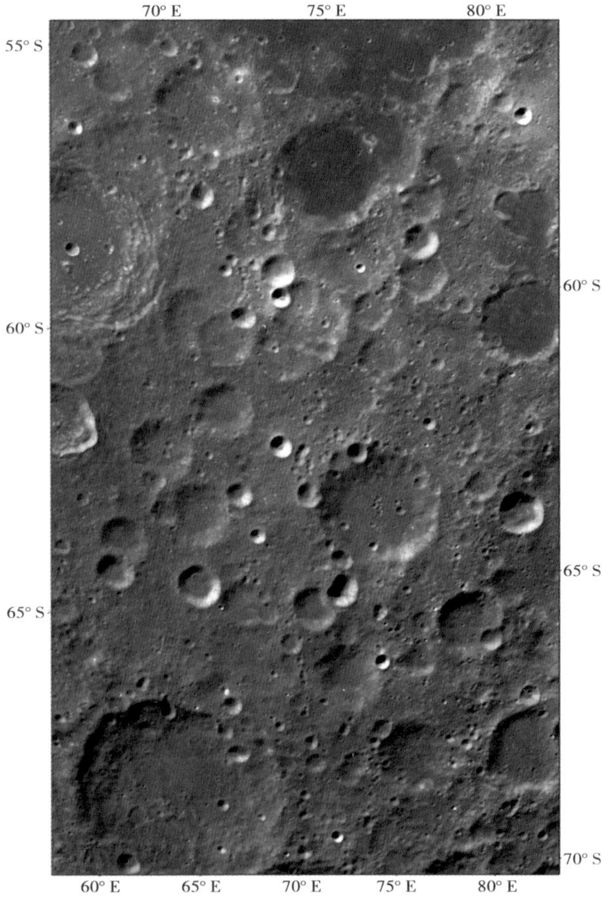

△ 我国第一幅月面图像

务圆满完成。“嫦娥一号”卫星在轨有效探测16个月，于2009年3月1日受控撞月，为工程画上圆满的句号。探月工程一期首次实现我国自主研制的卫星进入月球轨道，并获取了120米分辨率的全月影像图以及铀元素含量分布图等。

在绕月探测工程实施的几年里，工程各系统充分发扬“两弹一星”精神和载人航天精神，精心组织，刻苦攻关，圆满完成了工程任务。在工程实施过程中，绕月探测工程队伍里形成了极富特色的探月文化。这些理念、作风和要求，既有中国航天文化的典型特征，又有月球探测工程的鲜明特色，既明确了绕月探测工程必须坚持的指导方针，又体现了绕月探测工程队伍的思想品质和精神风貌，反映出绕月探测工程队伍过硬的工作方法和素质。

探月工程的发展

2008 年 2 月，国家批准探月工程二期立项。主要目标是实现在月面软着陆，开展月面就位探测与自动巡视勘察，安排了“嫦娥三号”“嫦娥四号”（备份）两次任务。鉴于二期工程关键技术多、技术跨度大、实施难度高，将“嫦娥一号”备份星命名为“嫦娥二号”，纳入二期工程，作为先导任务。

2010 年 10 月 1 日，“嫦娥二号”成功发射，在轨探测 6 个月后，飞赴日地拉格朗日 L2 点进行环绕探测，之后对图塔蒂斯小行星进行飞掠探测，成为我国首颗绕太阳飞行的人造小行星，创造了中国航天器的最远飞行纪录。

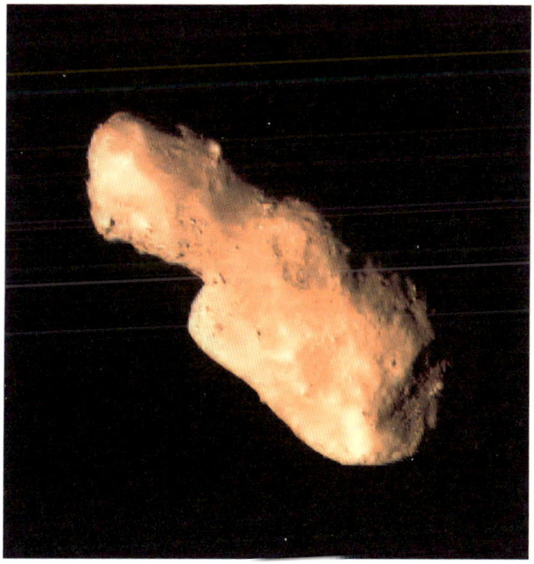
△“嫦娥二号”拍摄的图塔蒂斯小行星

2013 年 12 月 2 日，“嫦娥三号”成功发射，12 月 14 日探测器安全着陆，“嫦娥三号”实现了我国首次、世界第三次地外天体软着陆。12 月 15 日，习近平总书记亲临北京航天飞行控制中心，观看着陆器与巡视器成功实现互拍，“嫦娥三号”任务取得圆满成功。

2011 年 1 月，国家批准探月工程三期立项，标志着探月工程“绕、落、回”三步走最后一步正式启动，目标是实现月面采样返回，安排了“嫦娥五号”“嫦娥六号”（备份）两次任务。为降低工程风险，在正式任务前实施了再入返回飞行试验。再入返回飞行试验任务于 2014 年 10 月获得圆满成功，验证了以近第二宇宙速度半弹道跳跃式再入返回等一系列关键技术，为“嫦娥五号”任务奠定了技术基础。

△“嫦娥三号”的“玉兔”月球车

△ 再入返回飞行试验任务

探月工程三期的“嫦娥五号”是中国航天史上迄今难度最大、最复杂的工程。2020 年 12 月 17 日，“嫦娥五号”返回器在内蒙古四子王旗预定区域成功着陆，获取月球样品 1731 克，标志着中国首次地外天体采样返回任务圆满完成，实现探月工程三步走的最后一步——“回”。

从探月到深空探测

实施月球与深空探测工程，是党中央、国务院着眼于我国社会主义现代化建设全局，把握世界科技发展大势，推动我国航天事业发展，促进科技进步，建设创新型国家，提高综合国

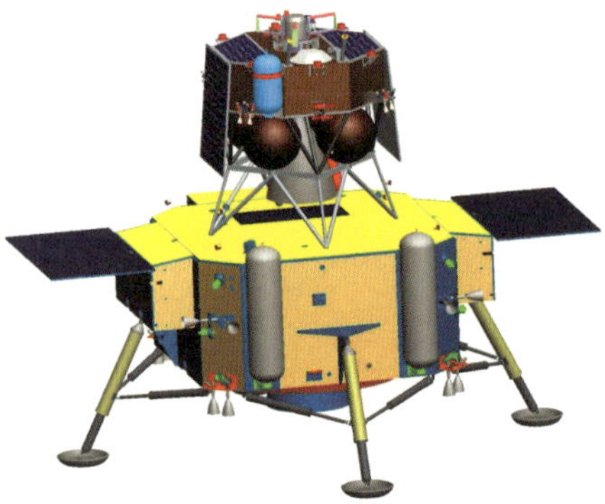

△“嫦娥五号”探测器

力，推动人类文明进程，做出的一项重大战略决策。

月球与深空探测是通过开发航天技术，对月球及以远的外太空进行科学探索和空间应用。在世界航天活动蓬勃发展却又起起落落的大背景下，我国探月工程以捷报频传、一步一跨越的瞩目成就，走出了一条中国特色的创新发展之路。

在实施探月工程的同时，我国开展了深空探测论证。国防科工局于 2010 年开始组织深空探测工程论证，于 2011 年年底形成了《我国 2030 年前深空探测工程总体实施方案》。2016 年，深空探测列入《中华人民共和国国民经济和社会发展第十三个五年规划纲要》重大科技项目。2016 年 1 月，习近平总书记批准首次火星探测任务工程立项，开启了新时代

▽ 首次火星探测任务工程示意图

我国深空探测新的征程。2020 年 7 月 23 日，“天问一号”探测器成功发射，2021 年 5 月 15 日，中国首辆火星车“祝融号”与着陆器成功登陆火星并开展巡视探测，2021 年 10 月 14 日，中国首颗太阳探测科学技术试验卫星“羲和号”成功发射。

创新驱动　利国利民

带动科学技术发展进步　工程的成功实施，突破了月球环绕、软着陆、巡视勘察、高速再入返回、深空测控通信与遥操作、运载火箭多窗口窄宽度发射等多项月球与深空探测领域关键技术，整体达到国际无人月球软着陆和巡视探测先进水平，其中全自主避障着陆、月夜生存等技术处于国际领先水平。

工程获取了大量原始科学数据，为月球及天文研究提供了宝贵的第一手基础信息。通过对这些科学数据的长期研究和不断深化应用，取得了一批原创性科学发现，在国际上产生了重要影响，并带动了科学界对日地月乃至更远空间的科学认知，推动了空间科学的发展和新兴学科的建立。

工程的成功实施，实现了我国航天器研制、特种大型试验验证、深空测控通信能力的全面提升，带动了信息、微机电、动力、新材料、新能源等一批新技术进步，加速了产业化进程，引领了空间技术的创新发展。

促进国民经济和社会发展　工程突破了多项关键技术，形成了一批先进试验方法和特种试验设施，已在月球和深空探测后续任务和其他航天工程中得到广泛应用，并可推广到其他相关领域，如建设了国际先进的深空测控网，可广泛应用于航天器的行星际测控通信。低温制冷接收机继续应用于月球与深空

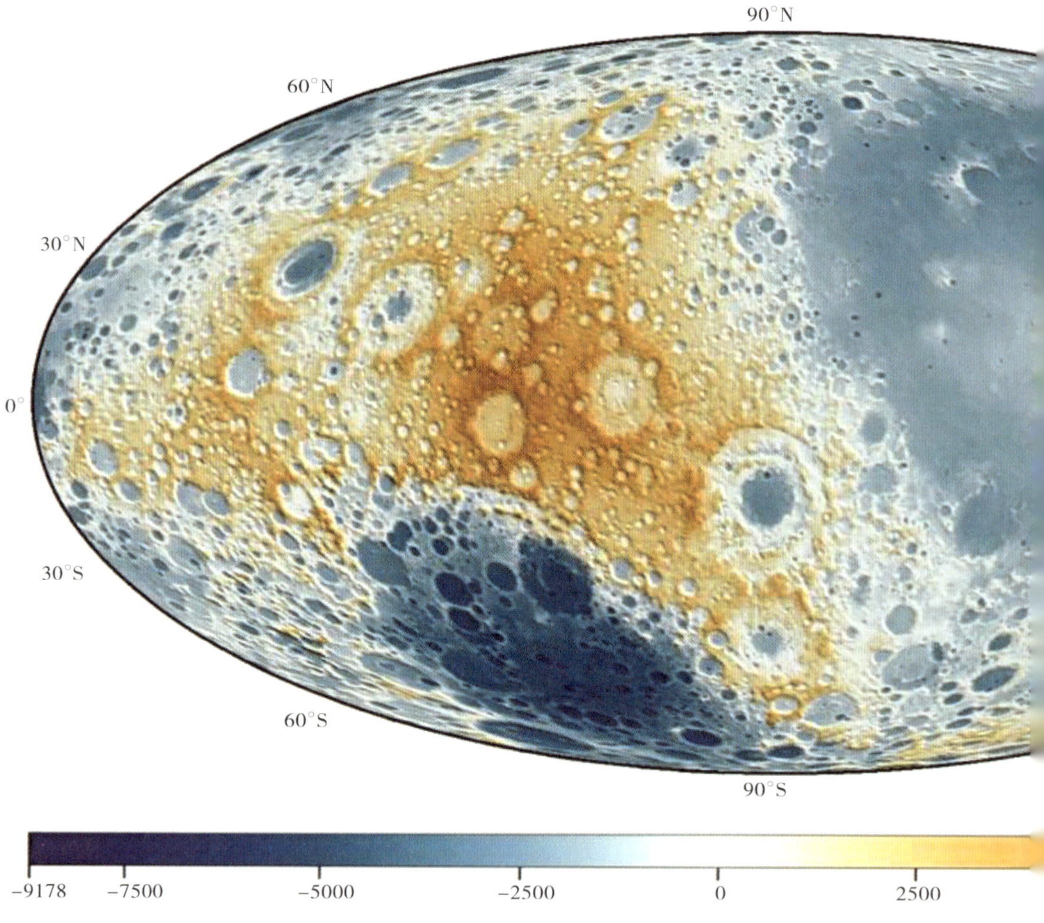

△ 全月高程图

探测，并通过技术创新衍生了斯特林换能器和低温冰箱等新产品。工程取得的部分成果转化为直接经济效益，如“嫦娥三号”着陆缓冲技术转化应用于桥梁撞击防护、公路拦石网、重大灾害空投救援等领域。工程取得的显著品牌效应，吸引了社会上许多企业关注、参与并支持工程。工程全系统形成了数百项专利、逾千篇论文，成果丰硕，经济效益和社会效益十分显著。

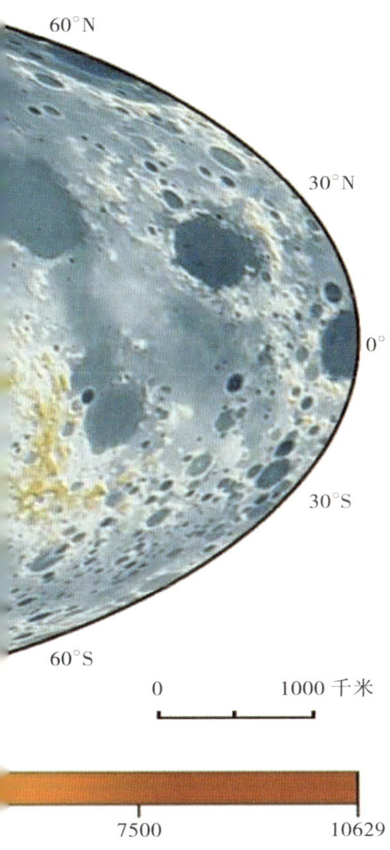

提供宝贵的管理经验借鉴 工程形成了一套巨系统的项目管理方法，建立了完善高效的组织体系、产品保证体系、质量管理体系、技术管理体系和卓有成效的重大工程独立评估机制、科学与工程紧密对接的工作机制等，取得了指标不降、进度不拖、经费不超的良好效果，为月球与深空探测后续任务和其他航天工程的发展奠定了坚实基础，也为国家其他重大科技工程的实施提供了宝贵借鉴。

凝聚培养杰出的人才队伍 通过工程的实施，凝聚和培养了一大批优秀的工程技术、科学研究和工程管理青年人才，形成了专业齐备、经验丰富、结构合理的创新型人才队伍。许多已成长为其他航天工程和型号的两总和中坚力量、国际航天和空间科学研究领域的杰出人才，为月球与深空探测工程和其他航天工程的发展奠定了坚实基础。

提升综合国力和国际影响力 工程的成功实施，树立了我国航天事业发展又一座新的里程碑，为我国从“航天大国”向“航天强国”迈进踏出了坚实的一步，进一步展示和提高了我国的经济实力、科技实力和民族凝聚力，是中华民族为人类探索利用太空做出的又一卓越贡献。同时，在国际上，我国扩大了影响力和话语权，获得了国际社会的高度评价，吸引了欧盟和俄罗斯等国积极参与，形成了由“跟跑、并跑”向“领跑”的态势。月球探测成为我国最具潜在领导力的航天领域，正在走向国际月球与深空探测的舞台中央。

进入 21 世纪以来，世界各航天大国在月球及深空探测领域竞争日趋激烈，各航天大国纷纷抢占航天发展制高点。未来的深空探测事业任重而道远。我们要抓住机遇、创新发展；打破惯性思维，探索民营资本进入的机制，扩大社会参与度；加强国际政策、布局等战略研究，以构建人类命运共同体的理念为指导，推动国际大科学计划和大科学工程，为人类的月球与深空探测事业贡献中国智慧和中国方案。

图书在版编目（CIP）数据

从深海到深空：科技征程的中国坐标 / 中国科学技术协会组编 .—北京：中国科学技术出版社，2022.10（2023.11 重印）

ISBN 978-7-5046-9614-4

Ⅰ. ①从… Ⅱ. ①中… Ⅲ. ①社会主义建设成就—中国 Ⅳ. ① D619

中国版本图书馆 CIP 数据核字（2022）第 173675 号

策划编辑	郑洪炜
责任编辑	韩　笑　宗泳杉
封面设计	中文天地
正文设计	中文天地
责任校对	张晓莉
责任印制	徐　飞

出　　版	中国科学技术出版社
发　　行	中国科学技术出版社有限公司发行部
地　　址	北京市海淀区中关村南大街16号
邮　　编	100081
发行电话	010-62173865
传　　真	010-62173081
网　　址	http://www.cspbooks.com.cn

开　　本	710mm × 1000mm　1/16
字　　数	236千字
印　　张	22.75
插　　页	1
版　　次	2022年10月第1版
印　　次	2023年11月第3次印刷
印　　刷	北京瑞禾彩色印刷有限公司
书　　号	ISBN 978-7-5046-9614-4 / D·124
定　　价	188.00元